現代のマーケティングと商業

伊部泰弘・今光俊介・松井温文 編著

五絃舎

はしがき

　本書は，マーケティングの基本戦略とマーケティングと密接不可分な関係にある商業を学ぶ入門書である。第Ⅰ部では，マーケティングの基本的な戦略を把握し，続く第Ⅱ部で個別のマーケティングに目を向ける。そして第Ⅲ部においては，商業につなげている。

　本書は，編者・執筆者の多くが，マーケティング論，商業論，流通論を初めて学ぶ学生に向けて，基礎的な知識や理論を解りやすく解説した入門書を作成することを望んでいたことから企画された。そこで，編者に所縁のある研究者の協力を得て出版に取り掛かった次第である。

　入門書としての基本的体裁と内容を保つために，目次構成やタイトルは編者により大枠を定めたが，各章の内容は執筆者諸氏の専門分野（マーケティング論，流通論，商業論等）の視点から独自の分析をお願いしたものである。したがって，分析の視点や方法は必ずしも統一されていないが，マーケティングや商業にかかわるそれぞれの分野について必要とされる基本知識の確認や一定の方向づけはなされている。

　この出版の企画に賛同して頂いた執筆者諸氏には，多忙にも拘らず貴重な原稿をお寄せ戴いた。とりわけ，出版に至るまで編集をサポートして頂いた佐賀大学教授：岩永忠康先生にはご無理をお願いして序章をご担当頂いた。あらためて岩永先生をはじめ執筆者諸氏には編者として心から敬意と謝意を表わしたい。

　最後に，本書の出版を快くお引き受け頂いた五絃舎の長谷雅春社長には企画段階からご尽力頂き，専門的なアドバイスを頂いた。また，表紙デザインをお願いした菊森智絵氏には緻密な作業をして頂いた。両氏には，執筆者を代表して心よりお礼を申し上げる次第である。

2012年2月8日

編者一同より

著者紹介 (執筆順, * は編者)

岩永忠康 (いわなが ただやす) : 序章担当
　佐賀大学経済学部 教授・博士 (商学)
片山富弘 (かたやま とみひろ) : 第 1 章担当
　中村学園大学流通科学部 教授・博士 (学術)
伊部泰弘 (いべ やすひろ)* : 第 2・8 章担当
　新潟経営大学経営情報学部 准教授・博士（経営学）
今光俊介 (いまみつ しゅんすけ)* : 第 3・4 章担当
　鈴鹿国際大学国際人間科学部 准教授
安 孝淑 (あん ひょうすく) : 第 3 章担当
　鈴鹿国際大学国際人間科学部 非常勤講師
松井温文 (まつい あつふみ)* : 第 5・12・13 章担当
　追手門学院大学経営学部 講師
稲田賢次 (いなだ けんじ) : 第 6 章担当
　大阪学院大学経営学部 講師・博士（経営学）
菊池一夫 (きくち かずお) : 第 7 章担当
　明治大学商学部 准教授・博士 (商学)
西 道彦 (にし みちひこ) : 第 9 章担当
　長崎県立大学経済学部・大学院 教授・博士 (商学)・博士 (学術)
濱本幸宏 (はまもと ゆきひろ) : 第 10 章担当
　愛知学泉大学現代マネジメント学部 教授
西島博樹 (にしじま ひろき) : 第 11 章担当
　長崎県立大学経済学部 教授・博士 (学術)
鳥羽達郎 (とば たつろう) : 第 14 章担当
　富山大学経済学部 准教授・博士 (地域政策学)
陳 玉燕 (ちん ぎょくえん) : 第 14 章担当
　(台湾) 中国科技大学管理学部 講師

目　次

はしがき

序章　現代のマーケティングと商業 ——————————— 9
　第1節　現代の流通と商業　*9*
　第2節　マーケティング概念　*16*
　第3節　マーケティング戦略　*23*

第Ⅰ部　マーケティングの基本戦略

第1章　**製品戦略** —製品コンセプトと製品開発— ——————— 39
　第1節　製品コンセプト　*39*
　第2節　製品コンセプトの開発　*41*
　第3節　製品コンセプトの源泉　*43*
　第4節　新製品開発ステップ　*46*
　第5節　製品戦略の動向　*48*

第2章　**製品戦略** —パッケージング— ————————— 51
　第1節　製品の分類　*51*
　第2節　製品差別化戦略　*54*
　第3節　製品戦略のケース　—パッケージングによる付加価値創造—　*55*
　第4節　まとめと課題　*58*

第3章　**価格戦略** —新しい高価格戦略— ———————— 61
　第1節　デフレ経済下の消費動向　*61*
　第2節　ナショナル・ブランドの価格競争　*63*
　第3節　メーカーの対応　*65*
　第4節　高価格戦略　*68*
　第5節　おわりに　*71*

第4章　価格戦略 ―新しい低価格戦略― ― 73
第1節　価格決定のメカニズム　*73*
第2節　価格の策定　*74*
第3節　低価格戦略　*76*
第4節　まとめ　*78*

第5章　経路戦略 ―インターネット販売と人的販売― ― 81
第1節　インターネット販売　*81*
第2節　人的販売　*86*

第6章　販売促進戦略 ―ブランド・コミュニケーション― ― 99
第1節　販売促進とブランド構築に向けて　*99*
第2節　ブランドとブランド・エクイティ　*102*
第3節　ブランド価値とコミュニケーションのあり方　*105*

第Ⅱ部　個別マーケティング

第7章　サービス・マーケティング ― 113
第1節　サービス経済化の進展　*113*
第2節　サービスの定義　*113*
第3節　サービス・ビジネスの特性　*114*
第4節　サービスの分類　*115*
第5節　サービス・マーケティング・ミックスの策定　*117*

第8章　地域マーケティング ―地域活性化に地域ブランドが果たす役割― ― 125
第1節　地域活性化と地域マーケティング　*125*
第2節　地域マーケティングのマーケティング・ミックス　*127*
第3節　地域活性化に地域ブランドが果たす役割　*129*
第4節　まとめと課題　*133*

第9章　貿易マーケティング ──────────── 135
　第1節　はじめに　*135*
　第2節　マーケット・リサーチ　*136*
　第3節　貿易マーケティング戦略　*138*
　第4節　信用調査　*140*
　第5節　貿易取引交渉と契約の成立　*142*

第10章　医療マーケティング ──────────── 147
　第1節　マーケティングと医療　*147*
　第2節　医療サービス　*148*
　第3節　医療サービスと患者の満足　*151*
　第4節　医療サービスのマーケティング　*154*

第Ⅲ部　商　業

第11章　商業の存立根拠 ──────────── 161
　第1節　商品流通と商業者　*161*
　第2節　売買集中の原理　*165*
　第3節　商業の存立根拠　*168*

第12章　卸売業 ──────────── 173
　第1節　卸売業の位置付け　*173*
　第2節　卸売業の存在意義　*174*
　第3節　衰退する卸売業者　*175*
　第4節　活力ある卸売業者　*176*
　第5節　卸売業の分類　*179*

第13章　小売業 ──────────── 181
　第1節　小売業の重要性　*181*
　第2節　小売市場の特徴と小売業の役割と業態　*183*
　第3節　小売業の創造的活動　*185*

第14章　小売業の国際化 ―コンビニエンス・ストアの事例― ──────189
　第1節　小売業の国際化　　189
　第2節　小売企業の国際展開 ―事業システムの構築と創造的適応―　190
　第3節　台湾ファミリーマートの事例　　191
　第4節　まとめ　　201

序章　現代のマーケティングと商業

第1節　現代の流通と商業

1.　現代の流通と担い手

(1) 流通の概念

　人や組織は生活や事業のために経済活動を行わなければならない。経済活動は，生産活動・流通活動・消費活動の3分野に分かれている。このうち生産活動は，人や組織が生活や事業に必要なニーズや欲求を満たす生産物・商品（財貨）・サービスを生産・創造する経済領域である。また消費活動は人や組織のニーズや欲求を満たすために商品やサービスを消費・利用する経済領域であり，生産活動とともに人の生活や組織の事業に不可欠である。これに対して流通は生産領域で生産された商品やサービスを消費領域に橋渡しする経済領域である。そのために，流通を成立させる可能性は，生産と消費が分離し，それを結び付ける交換の発生を契機とする。したがってまた，流通は生産と消費の在り方や様式によって規定される歴史的概念といえる（岩永 2011，p.4）。

　資本主義経済は，市場経済にもとづく自由な経済活動を基本理念とする。そこでは，資源配分についての意思決定が個別の私的目標を追求する経済単位によって分散的に行われ，それらの個別的意思決定が市場機構を通じて相互に調整される仕組みになっている（村上他 1973，p.252）。現代は，社会的・技術的分業にもとづく多種多様な商品・サービスが大量に生産・流通・消費される高度に発展した資本主義経済として特徴づけられる。したがって，現代の経済は，生産と消費が高度に分離され，両者を結び付ける流通が不可欠である。

　一般的に規定すれば，流通は商品の生産から消費にいたる継起的段階であり，

商品が生産者から消費者へ移転する現象ないし活動として捉えられる。機能的視点からみると，流通は商品の生産と消費との間の懸隔を人的，場所的ならびに時間的に架橋する活動である。そして流通は，人的懸隔の架橋に焦点を合わせれば，商品の所有名義ないし所有権の移転に関わる取引流通（商的流通）である。場所的・時間的懸隔の架橋に焦点を合わせれば，商品の場所的・時間的移転としての運送ないし保管といった物的流通に区分できる。したがって，流通は取引流通と物的流通を含むものであり，その核心的なものは商品の社会的・人的移転に関わる取引流通であり（鈴木 2005, p.95；岩永 2011, p.7），それを支えるものが物的流通や情報流通である。

(2) 現代流通の担い手

現代の流通の活動・機能は生産者・商業者・消費者によって担当されている。現代の流通の1つは，生産者とりわけ大手製造業者（寡占メーカー）が自ら生産した商品を消費者に直接販売するものである。例えば，生産者がテレビ・雑誌等の手段を用いて直接消費者に通信販売したり，生産者自らあるいは自社のセールスマンを通して直接消費者に販売したり，さらに消費者の自宅等に出向いて訪問販売したりするものである。他方，消費者サイドからみると，消費者が直接に生産者から購入したり，あるいは消費者自ら組織した消費生活協同組合（生協）等を通して生産者から直接購入したりするものである。近年では生産者と消費者がインターネットを通して直接に売買することも普及している。これらの流通は，生産者と消費者が直接対峙する直接流通である。

もう1つは，商業を媒介とした間接流通である。商業者が生産者と消費者との間に介在して，両者が商業者を媒介として間接的に向きあう流通である。現代の高度に分業が発展した資本主義経済のもとでは間接流通が一般的である。商業者は流通の活動・機能を専門的業務として遂行することによって，生産者や消費者にとって経済的効果を与え，かつ商業者自身も経済的効果を発揮できる。ここに商業が介入・介在する経済的根拠が存在する（岩永 2011, pp.7–8）。

2. 商　業

(1) 商業の存立根拠

　商業者は，多数の生産者と消費者との間に介在し，そこでの商品取引（商品流通）を専門的に担当することによって，生産者や消費者の制約を解放し，取引費用（探索・交渉費用等）節減等の経済的効果をもたらす。つまり，多数の生産者から多くの同種・異種商品を購入することによって，商業者の手元には多くの同種・異種商品の商品が集められ，社会的品揃え物（アソートメント）としてまるで市（イチ）のように商品集合が形成される。こうして商業者の商品購買は，生産者にとって，第1に，商業者は生産者から一度に大量の商品を購買できる。つまり商品の量的制約から解放される。第2に，商業者は再販売の可能性がある限りどんな種類の商品も購買できる。つまり，商品の質的制約から解放される。こうして商業者の商品購買は，生産者の商品販売に対して量的・質的制約から解放され（西島 2011, p.35），その結果，生産者から消費者への直接販売より格段に容易になる。

　次に，商業者に集められた社会的品揃え物は，消費者にとって生産者から直接購入するより魅力的である。第1に，同種商品の集合としての魅力であり，消費者は商業を利用することによって，多数の生産者が生産した同種商品を比較購買できる。第2に，異種商品の集合としての魅力であり，消費者は商業を利用することによって，多種類の商品を一度に購入できる。これによって，生産者と消費者の商品売買が容易に行われるばかりでなく，それ以上の効果がもたらされる（岩永 2011, p.8）。つまり，「商人を介入させることによって販売と購買との接合が，個々に孤立しておこなわれていた場合にくらべていちじるしく容易になる。ただその困難さが軽減されるというにとどまらず，それがなければ購買を見出すことができなかったはずの販売を実現させる可能性さえもが与えられる」（森下 1994, p.23）とあるように，消費者は商業者による社会的品揃え物を通して購買予定の商品はもちろん衝動買いあるいは購買予定以上の商品を購買することも可能になるのであり，これが商業の市場創造効果といえる（岩永 2011, pp.8－9）。

商業者に集められた社会的品揃え物は，生産者の販売と消費者の購買が商業者のもとへ社会的に集中することを意味している。これを売買集中の原理[1]（渡辺 2008, pp.11 - 12）という。流通における商業介入にもとづく売買集中の原理は，生産者と消費者との直接流通と比べて，流通費用節減効果や市場創造効果の根拠である。

(2) 商業の分化

商業は流通を専門的に担当することによって，その活動を効率的に遂行できる。この商業の介在・存立根拠は，生産者と消費者の取引に介入して売買集中の原理にもとづく流通の効率化や市場創造効果を達成するかぎり実現できる。つまり，商業者は生産者から商品・サービスを購入して他の生産者・商業者や消費者に販売するという再販売購入を業務としながら，それらの価値実現ないし商品流通を遂行している。さらに商業は，商品・サービスの取引業務の量的・質的差異にもとづき多くの側面に分化（段階分化，部門分化，機能分化）し，全体として商業組織が形成される。

商業の分化は，段階分化として卸売商業と小売商業との分化，さらに卸売商業は収集卸売商業，中継卸売商業，分散卸売商業への細分化がある。このうち小売商業は個人的な最終消費者へ商品・サービスを販売する商業であり，その対象となる商品は生活を営むための個人ないし家庭単位で消費・利用される消費財に限られる。これに対して卸売商業は，小売以外の商業であり，卸売の対象となる商品は生産的消費，再販売，生産以外の業務のための消費，機関的消費（旅館・食堂・病院などにおける消費財の集団的消費）などさまざまな業務のために消費・利用される生産財や消費財である。

次に商業の分化は，取り扱う商品種類の専門化による部門分化がある。これは商品種類を基準として形状別・素材別・使用目的別・購買慣習別に取り扱う実質的・技術的操作の差異によって分化する。具体的には，生産財の販売技術

---

1) この売買集中の原理は，①取引数削減の原理，②情報縮約・整理の原理，③集中貯蔵の原理（不確実性プールの原理）などがあげられる（渡辺 2008, pp.11 - 12；岩永 2011, pp.9 - 11）。

と消費財の販売技術は異なり，消費財でも最寄品・買回品・専門品とでは異なり，さらに最寄品のうちの食料品でも生鮮食品・加工食品・菓子類等では異なる。この分化は商業統計の業種分類と関連する。例えば，小売商業では商品種類にもとづく魚屋，八百屋，衣料品店，貴金属店等の業種分化があげられる。

さらに商業の分化として機能分化がある。この商業の機能分化は，商業本来の商品売買に付随して行われる物的流通業（運送・保管・選別・混合・荷造り・包装など），金融業，保険業などの諸活動がそれぞれ独立した活動として分化する。これらの諸活動は本来の商業にとって必ずしも不可欠なものでなく，その意味では，商業の純化過程といえる。さらに，商業の売買を成立させる技術的操作として広告・市場調査等や手数料商業（問屋・仲立業・代理業）などの分化がみられる（森下1966, pp.136-150；森下1968, pp.91-113；森下1994, pp.25-32）。

(3) 現代の小売商業革新

現代の小売商業は市場競争を通して絶え間ない革新を伴って発展している。小売商業の革新には，①小売商業経営の組織革新にもとづく大型化・多店舗化，②小売商業経営を支える情報・物流技術の革新，③小売商業経営の組織化やそれを支える情報・物流技術の革新にもとづく小売商業の国際化[2]などがある（岩永2011, p.12）。

1) 小売商業の組織革新

日本の商業は，卸売商業の過多性・多段階性・複雑性ならびに小売商業の零細性・過多性・生業性・低生産性によって特徴づけられていた（田村2002, 序文p.1ないしpp.5-8, 図1.1参照；岩永2007, pp.210-211）。このうち，小売商業の零細性・過多性・生業性・低生産性は，小売商業の販売対象である消費者の小規模零細性・分散性・個別性に規定され，それに対応すべき多数の中小零細小売商業の存在に起因している。しかも小売商業は，消費者が購買できる範囲（小売商圏）の制約

---

[2] 小売商業の国際化は，1980年代後半から経済の国際化の進展に伴って急速に進展している。特にアジア地域の一部では国家の経済開放下での流通近代化政策推進のために積極的に外資小売企業を導入することによって小売商業の国際化が急速に進展してきている（岩永2008, p.103）。

から地域産業(ドメスティック産業)としても特徴づけられている。

　しかし，現代の小売商業においては，厳しい市場競争によって小売店舗の多店舗化・大型化の進展や情報・物流技術の革新にもとづく小売近代化が進展している。日本の「商業統計」によると，1985年をピークに中小零細小売店舗数が減少し，他方，近代的なチェーン店や大型店の増加はみられるが，結果として小売店舗数の減少傾向がみられる。また小売商業における多種多様な小売業態や小売商業集積(ショッピング・センター等)の出現によって小売商業の多様化もみられる。とりわけ都市への人口集積やその郊外化が，総合スーパー，専門量販店，ディスカウント・ストア，コンビニエンス・ストア等の近代的小売業態を出現させた。さらに一部の小売商業は海外への出店を展開し，グローバル小売企業として発展している(岩永 2011, pp.12 – 13)。

2) 小売商業の技術革新

　現代の高度情報化社会の進展に伴って，小売商業においても情報システム化・ネットワーク化が急速に進展し，同時にそれらの革新・変革が商業の競争ないし存立に大きく関わっている。例えば，POS (Point Of Sale) (販売時点情報管理)システムの導入・普及は，小売業務である仕入・販売・在庫・会計等の業務を一元化のもとに節約し，それとともに消費者ないし顧客の管理においても重要な役割を果たしている(岩永 2011, p.13)。

　このPOSシステムは，「従来のキー・イン方式のレジスターではなく，自動読み取り方式のレジスターにより，商品単品ごとに収集した販売情報，ならびに仕入・配送などの活動で発生する各種情報をコンピュータに送り，各部門が有効に利用できる情報を加工・伝達するシステムで，いわば小売業の総合情報システムを意味する」(経済産業省)と定義されているように，もともと小売店のレジにおける業務の効率化とミス発生の防止，単品管理にもとづく売れ筋・死に筋商品の把握，品切れ防止，在庫削減等(大崎 2008, pp.55 – 56)による効率的・効果的なアソートメント形成のためのデータ作成に目的があった。しかし，このPOSシステムは消費者との接点に設置された情報ネットワーク端末であることから小売店を媒介とした業者間の結び付きを通して生産・流通シス

テムに大きな影響を与えている。

　小売商業における情報技術の革新には，流通におけるパワー・バランスの多様化とそれに伴う取引関係の質的変化がある。例えば，情報技術（Information Technology：IT）の発達による消費者の情報把握がプライベートブランド商品（PB商品）の開発や他のマーケティング戦略に決定的な役割を担うようになるにつれ，小売商業のパワーが増大し，小売商業がチャネル・リーダーになる分野が増大してきた。その結果，メーカーと小売商業の関係が，従来の大規模メーカーと中小零細小売商業の支配・従属関係の系列化に加え，大規模メーカーと大規模小売商業の対等のパワー関係のうえで両者によって維持されるもの，さらに小売商業主導のものなど多様化している。また製販同盟（製販統合）にみられるように，単純な商取引を超えた密接な協調関係のもと流通コストの削減や製品開発など戦略的な目標の達成をめざした取引関係もみられる（藤岡 2002, p.26；岩永 2007, p.197）ようになった。

　次に，小売構造の変化と情報技術の革新との関連をみると，従来の伝統的な中小零細小売店や百貨店・総合スーパー等の大型店に加え，コンビニエンス・ストアやディスカウント・ストアさらにショッピング・センター（SC）等の新しい小売業態や小売集積が出現し発展している。とりわけPOSシステムの情報武装型新興小売商業は，消費者に対する情報優位とチェーンシステムによる本部一括仕入体制を整えることによって，卸売商業やメーカーに対して仕入交渉力を増大させてきた。またマイカーの増加で生じた購買行動の広域化や1回当たりの購買金額の増大，購買品目の増大が大規模小売店舗やSCの出現を促進させている（大石 2002, p.119；岩永 2007, pp.197-198）。

　さらに，小売商業に関わる情報技術の革新は，また多頻度小口配送を可能にする物流革新も引き起こしている。現代における市場の成熟化と消費者ニーズの多様化や，それに対応する細分化・多様化された小ロットの製品の多頻度小口配送の実施が物流コストを増加させるが，ITの発達にもとづく効果的なロジスティクスの開発・実施によってそれを防止することが可能となった（岩永 2007, p.200）。例えば，コンビニエンス・ストアでは，情報技術の革新にもと

づく POS システムによる単品管理とサプライチェーン・マネジメント (Supply Chain Management : SCM) が多頻度小口配送という物流革新を可能にしている (岩永 2011, pp.14 - 15)。

第2節　マーケティング概念

1. マーケティングの成立と概念
(1) マーケティングの成立と概念

　現代の流通・商業に最も規定的な影響を与えているのは，大規模化・寡占化した製造業者（寡占メーカー）が大量生産・大量販売・大量消費を志向して積極的に市場に介入して流通・販売に関与するマーケティングの展開である。

　現代の資本主義経済においては，生産と資本の集積・集中によって形成された大規模・寡占メーカーの生産力が飛躍的に高められ，そのわりに消費力は増大しない。その結果，過剰生産が恒常化し，販売問題ないし市場問題が発生し，相対的に狭隘な市場をめぐって企業競争は激しさを増していった。そこで，大規模・寡占メーカーは，相対的に狭隘化した市場でその地位を維持・強化しながら利潤を獲得するために，生産力を飛躍的に増大させながら市場を確保・拡張することが不可欠の課題となってきた。こうなってくると，寡占メーカーは販売問題をもっぱら多くの生産者の共同代理人である商業に依存するだけでなく，販売を自己の経営問題として自らの手で解決しようとする。

　しかも寡占メーカーは，大規模生産や業界での地位にもとづき高い価格を設定し，これを通じて商業を排除ないし制限し自ら販売に要した費用を他に転嫁できる。こうして，その必要に迫られ，かつその能力をもつにいたった寡占メーカーは，市場問題を自らの経営問題としてこれに直面し，これを解決するための諸方策としてマーケティングを展開せざるをえなくなったのである（森下 1993, pp.158 - 159 ; 岩永 2007, pp.4 - 5）。

　ともあれ，マーケティングは，独占資本主義段階における企業の販売問題ないし市場問題解決のための諸手法として登場した。その意味では，極めて企業

的ないし経営者的色彩を強くもつものであり，内容的にも単なる販売よりもはるかに幅の広い概念になっている。端的にいえば，マーケティングは商品やサービスを生産者から消費者へ単に流通・販売させるのみならず，より積極的に市場を開拓・支配し，市場シェアの拡大を目的として展開される(岡田 1992a, p.7-8)。したがって，マーケティングは巨大・4寡占メーカーによる市場創造のための統合的な適応行動と規定できる。

(2) マーケティングの概念の変化

マーケティングは，20世紀初頭にアメリカで誕生した経営実践ないしそれを基盤とした寡占企業の販売問題の解決を課題として発展してきたもので，その具体的なあり方は社会経済構造の変化とともに絶えず革新し続けている。それは，独占形成期における単純素朴なものから複雑なものへと変化していき，戦後のマーケティングはマネジリアル・マーケティングへと経営者的アプローチをいっそう強化させ，経営戦略としてのマーケティングを展開している（岩永 2007, p.6)。

マーケティングは，1950年代の後半以降，いくつかの問題に直面し，新しい視点が出現してきた。その1つが，1960年代末頃からあらわれたソーシャル・マーケティングの登場である。このソーシャル・マーケティングは，マネジリアル・マーケティングの反省と調和を図りながら社会性を強調するものである。その1つの方向は，レイザーを中心とする流れである(Lazer 1969, pp.3-9)。それは，コンシューマリズムや環境保護活動などを契機として発展してきた。そのために企業は，コンシューマリズムや公害問題など社会問題と対応して社会不満・社会不安を解消しながら事業化していくという前向きの姿勢から捉えるべきであり，それだけにマーケティング活動領域が拡大しており，その社会的・経済的な影響力が大きくなっている(坂本 2005, p.261)。

他方，もう1つの方向としては，コトラーを中心とする流れであり，マーケティング概念の拡大化である(Kotler & Levy 1969, pp.10-15)。このソーシャル・マーケティングは，マーケティングを本来の営利企業だけでなく，政府・病院・大学などの非営利組織にまで応用・拡大していくことによって，より良

いサービスやアイディアを提供できれば，社会に大きな満足を与え社会へ貢献できるというものである（坂本2000, p.260）。そして，一度確立されたマーケティング手段や技法は，企業経営であれ非営利組織であれ極めて有効な手段や技法として応用可能である（岡田1992a, p.8）。もちろん中小企業分野のマーケティングは，寡占企業と比べてその市場に及ぼす影響力やマーケティング戦略にあたって，かなり限定された自由裁量の余地しかもっていないが，マーケティングの概念と技法は着実に浸透しつつある（三浦1997, p.16）。この視点のマーケティングは，寡占企業から中小企業へ，また消費財部門から生産財部門やサービス・流通部門へ，さらに企業経営から政府・学校・病院などの非営利組織へと広範で多岐分野にまで着実に普及し，さまざまな主体によるマーケティングが提唱されている（岩永2007, p.7）。

マーケティングは，1980年代において技術革新とグローバリゼーションという社会経済情勢の変化により，より総合的な戦略的マーケティングへと発展していった。この戦略的マーケティングは，従来のマネジリアル・マーケティングより企業全体の経営と結びついた上位の概念をめざすものである。つまり，それは全社的な戦略的プランニングが基礎であり，マーケティング・ミックスを構成する市場創造変数に全社的戦略という視点から接近する（那須2001, pp.3-5）。

さらに，1990年代になると，従来のマネジリアル・マーケティングあるいは戦略的マーケティングに代わり，新たなリレーションシップ・マーケティング（関係性マーケティング）が台頭してきた。このマーケティングは，従来のパワー・マーケティングないしマス・マーケティングなど一方的な関係を否定するもので，多様化した消費者ニーズに対応しつつその継続的な関係を維持するものである。それは，ワン・ツー・ワン・マーケティング，インターラクティブ・マーケティング，データベース・マーケティング，アフター・マーケティング，ポストモダン・マーケティングなどとして提唱されている。（安部1998, p.14）。つまり，リレーションシップ・マーケティングは「市場シェアより顧客シェアを中心に，現在顧客との信頼関係を深め，より長期的な取引と共創価値

創造を目指す商業的マーケティングの発展形態」(嶋口 1995, p.71) とされているように，インターネットやパソコンを駆使することによって，現実の成熟化・高度化・グローバル化した社会に対応するべく新たな展開を提示している。

このように，現代のマーケティングは，単に大規模・寡占メーカーの市場問題への対応戦略という枠組みを越えて，営利企業のみならず非営利企業を含めた事業・組織の戦略として拡大解釈され，多くの主体者や側面でマーケティングの理念や経営ノウハウが取り入れられ実践されている。しかしながら，マーケティングは伝統的マーケティングはもちろん戦略的マーケティングにせよ関係性マーケティングにせよ，基本的にはマネジリアル・マーケティングの範疇ないし枠内において遂行される。

2. マネジリアル・マーケティング
(1) マネジリアル・マーケティングのフレーム・ワーク

戦後のマーケティングは，マネジリアル・マーケティングとして次の3つの側面をもっている。「第1に，それはマーケティング諸活動の相互関連からみて統合的マーケティングであり，第2に，諸他の企業活動との関連からみて企業経営の基本理念であり，そして第3に，社会経済との関連において経営者的接近を要求しかつそれを可能にする」(森下 1993, pp.99－100) ということである。

このマネジリアル・マーケティングの代表的なフレーム・ワークとして，マッカーシーは統制可能な要因であるマーケティング諸活動を製品 (Product)，場所 (Place)，販売促進 (Promotion)，価格 (Price) のいわゆる 4P 活動に集約し，それらを適切に組み合わせたマーケティング・ミックスによって，標的となる顧客に焦点を絞ったマーケティング・マネジメントを展開している(図表1参照)。

マッカーシーは，マーケティングの主要な環境要因として，顧客のほかに，文化・社会的環境，政治・法律的環境，経済・技術的環境，競争的環境，企業の資源と目的といった統制不可能な要因を掲げ，それらへの適応の必要性を示している。特に顧客をマーケティングの中心に位置づけ，その顧客志向性 (消費者中心志

向)を明確にしている点に特徴がみられる。すなわち，市場標的としての顧客の獲得をめざして統制可能な諸要因であるマーケティング諸活動を組み合わせる，いわゆる最適マーケティング・ミックスの形成がマーケティング・マネジメントの要点であるという考え方を明示した(McCarthy & Perreault, 1990, p.48)。

図表1 マネジリアル・マーケティングのフレーム・ワーク

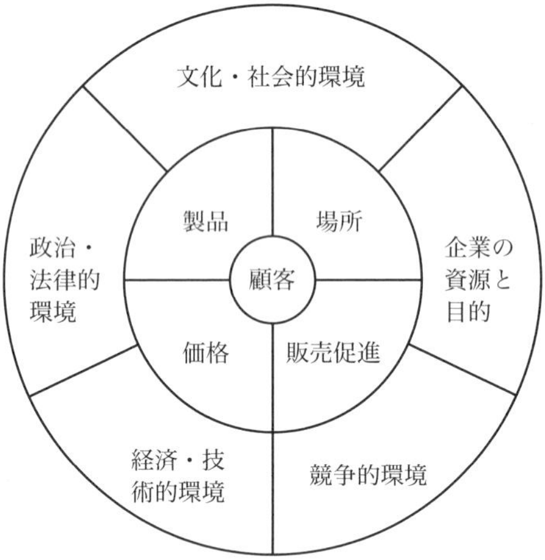

出所：McCarthy & Perreault, 1990, p.48.

このように，戦後のマネジリアル・マーケティングは，技術革新のマーケティングとして長期的・戦略的なものを統合する，いわばマーケティング諸活動の統一的管理を不可欠な課題とする。つまり，マーケティングの目標や目的を達成するために，マーケティング諸活動を統一的管理のもとに計画・組織・統制するというマーケティング管理が重要になる(岩永 2011, p.134)。

(2) マーケティング管理

今日のように市場環境が複雑多様化してくると，対市場との直接的な接点をもつマーケティング活動が，単に企業活動の一部分の役割としてではなくその中心的な役割を果たすものとなっている。つまり，企業は，絶えず変化する市場に企業活動を適応させながら，自社製品に対する需要の喚起・創造を図るために，マーケティング活動を展開しなければならない(岡本 1995, p.61)。そこ

で，今日の複雑多様化しているマーケティング活動を効果的かつ効率的に遂行していくためには，なによりもマーケティング管理が適切かつ順調に行われなければならない。

マーケティング管理は，マーケティング計画，マーケティング組織の編成，マーケティング統制というプロセスで行われる。このうち，まずマーケティング計画は，市場機会の評価，マーケティング目標の設定，対象市場の設定，マーケティング・ミックスの策定を行うことである。次にマーケティング組織の編成は，マーケティング意思決定システムと情報システム，業務の遂行の統合的編成を行うものであり，マーケティング組織の編成と計画を実行することである。さらにマーケティング統制は，マーケティング計画の妥当性を評価し，業務の遂行が計画どおり実行されているかを検討することである（懸田 1992, p.28）。そこで，マーケティング管理をマーケティング計画，マーケティング戦略・戦術について考察していこう。

(3) マーケティング計画

マーケティング計画は，広義の経営計画の一領域であり，その対象領域によって2つに大別できる。1つはマーケティング活動全般に関わる統合的マーケティングの計画であり，もう1つは製品・価格・経路・販売促進など個々のマーケティング活動に関わる計画である。このうち統合的マーケティング計画は，企業の中心的課題であり，個々のマーケティング活動が相互にその効果を高めるように統合的に計画しなければならない（岡田 1992b, p.76）。

一般に，マーケティング計画は，目標設定をベースとした計画期間によって長期計画・中期計画・短期計画に分けられ，かつそれを遂行する方法や手続きなどによってマーケティング戦略とマーケティング戦術とに区別される。一般に，マーケティング戦略は長期計画にもとづく目的達成のための全体計画であり，マーケティング戦術は全体的な戦略から導かれる具体的な手段を示すものである（中村 2001, p.23）。

このマーケティング計画は，まず企業理念や目標の枠組のなかで市場の機会と脅威を分析し，自社の経営資源を評価することによって市場機会を評価し，マー

ケティング目標を設定することから始められる(懸田 1992, p.29)。次にマーケティング目標を達成できるような長期的で統合的なマーケティング戦略計画が決定され，さらに具体的な実施細目であるマーケティング実施計画が策定される。

したがって，マーケティング計画は，①市場機会の評価→②マーケティング目標の設定→③マーケティング戦略計画の決定→④マーケティング実施計画の決定というプロセスで行われる。

①市場機会の評価

　市場機会の評価は，マーケティング管理を適切に行うための出発点となるものであり，市場環境の変化を分析することにより市場機会を発見し，その機会を自社資源で利用しうるかどうかを検討し，自社に有利な標的市場を把握することである。その場合，現在の市場機会だけでなく，潜在的な市場機会も問題になってくる。そのためには市場に影響を及ぼす環境要因の検討，市場における競争状況の評価，経営資源の検討，市場セグメントの確認と標的市場の選定などの分析が必要である(中村 2001, pp.18 – 21)。

②マーケティング目標の設定

　マーケティング目標は，マーケティング計画以降のマーケティング管理の各ステップの基盤をなすものであり，マーケティング活動の指針となる。マーケティングの目標は企業の目標を達成するための下位概念である。企業の目標が長期最大利潤の獲得であるかぎり，マーケティング目標は，企業の究極目標ないし基本目標である長期安定的最大限利潤の獲得という目標に合致したものであり，売上高の極大化を通じての最大利潤の追求にある。この目標を実現するための具体的な目標としては，売上高の増加，市場占有率の拡大，企業の成長率，市場地位の向上ないし維持，競争企業との対抗，市場範囲の拡大，企業活動の多角化，製品イメージの設定，産業界の指導性の確立などがある(橋本 1973, pp.144 – 147 ; 岩永 2007, p.29)。

③マーケティング戦略計画の決定

　企業がマーケティング目標を達成するためには，マーケティング活動が戦略的に計画されなければならない。このようなマーケティング計画は，マー

ケティング戦略あるいは戦略計画と呼ばれ，マーケティング目標を達成するために策定される長期的・総合的・動態的な計画である。マーケティングの基本戦略は，組織が環境変化に適応しながら目標の実現に向けて標的市場に適合するようにマーケティング・ミックスを構築することにある。なお,マーケティング戦略計画は，現状分析に基づき達成可能な目標になるような戦略が策定される。この場合，どのような戦略を選択するかは，自社のおかれた地位，競争環境，社会経済的要因などから総合的に判断される（岡田 1992b, pp.79 - 80；岩永 2007, p.30）。

④マーケティング実施計画の決定

マーケティング実施計画は，マーケティング目標を達成するためマーケティング計画を実施する具体的な実施計画・実施細目であり，行動計画ないし戦術計画といわれる。マーケティング計画に基づいて，計画目標を達成するための活動が始まり，実施段階に突入する (橋本 1973, p.142)。具体的にいえば，マーケティング・ミックスを計画することであり，それら個々のマーケティング・ミックスの構成要素をマーケティング計画に統合しなければならない。こうしてマーケティング計画が正式に採用された後，実施のための諸組織を編成し，各部門・各人それぞれの担当業務を明確にし，計画の実行段階に移行する(岡田 1992b, p.80)。

第3節　マーケティング戦略

1. マーケティングの基本戦略

(1) マーケティング戦略と戦術

マーケティングの中心課題はマーケティング戦略の決定である。マーケティング戦略が決定されると，次にマーケティング実施計画としてのマーケティング戦術が決定される。マーケティング戦略は，経営戦略の一環として企業全体の見地からその基本方針やタイプを規定するものであり，それにより企業の基本的な経営計画ないしマーケティング計画が設定される。マーケティング戦術

は，すでに決定されたマーケティング戦略のもとで発生する日常的な諸問題を合理的に解決する手段であり，基本計画を遂行するに際し能率的・弾力的な調整の問題に取り組むものである。その意味ではマーケティング戦略とマーケティング戦術とが相俟って，はじめてマーケティング計画が確実に遂行される（三浦 1963, p.81）。

そもそも，企業はその存続・成長のために組織・事業・製品すべてを市場に適応させていかなければならない。この市場に対する企業の適応戦略がマーケティング戦略といえよう。マーケティング戦略は市場適応戦略として需要戦略・流通戦略・社会戦略・競争戦略の4つの領域と，これら4つの領域を組織的に統合した統合市場戦略とに分けられる。そして，このマーケティング戦略の中心戦略は需要戦略と競争戦略である。というのは，社会戦略や流通戦略は，需要と競争の双方に広く含まれるものであり，統合市場戦略も需要と競争への対応調整結果として位置づけられるからである（嶋口 1986, pp.38–43）。

マーケティング戦略の対象となるのは顧客あるいは消費者の集合としての市場であり，その意味でマーケティング戦略は本質的には需要戦略である。したがって，マーケティング戦略は需要の予測に基づき，それに対応して供給を調整するだけでなく，需要を創造し拡大しなければならない（斎藤 2002, p.84）。企業は，市場のなかから魅力的な需要部分を探索・発見・確定し，その中心的なニーズをマーケティング戦略に取り込み，さらにそのニーズを満足させながら最終需要を調整していくことが必要である。したがって，マーケティングのあらゆる努力は，最終的にすべての需要をいかに有効に引き出し，調整していくかという需要戦略に関わっている（嶋口 1986, pp.38–39）。

それと同時に，市場ないし需要をめぐる競争相手の敵対行動を決して無視できない。なぜなら，マーケティングは，競争相手にはない差別的優位性ないし競争優位性の確立をめざす戦略的な競争手段としても理解されるからである。そのためにまたマーケティングは，顧客の反応に規定されるだけでなく，競争相手の戦略的行動にも強く規定される。とりわけ，今日の狭隘化した市場では，限られた大きさのパイの配分をめぐって企業間の競争は激化し，顧客重視の

マーケティングだけではもはや十分な対応ができない。したがって，競争相手からパイを奪いとる競争重視のマーケティングが強く要請されるようになり，マーケティング戦略も競争行動への合理的な対応の必要性が認識されるようになってきた (市川 1993, pp.89-90)。

このようにマーケティングは，企業が自社の顧客を維持しつつ，ライバル企業から顧客を奪いとるための活動ともいえる。それは，コスト・リーダーシップをとって価格面で優位に立つか，品質面で優位に立つかの戦略であり，競争相手にはない差別的優位性ないし競争優位性を創出しながら，有利な市場地位を確保しようとする (市川 1993, p.92)。

(2) マーケティング戦略の諸形態

マーケティング戦略は，マーケティング諸活動の全体にわたっているか否かによって部分戦略と全体戦略に分けられる。まず，マーケティングの部分戦略は，マーケティング・ミックスを構成する製品・価格・経路・販売促進などマーケティング諸活動のそれぞれ機能領域について行われる戦略で機能戦略とも呼ばれる。部分戦略はマーケティング戦略の1つのサブ・システムでもあり，全体戦略の下位戦略になる (橋本 1973, p.162)。さらに部分戦略には，販売促進ミックスとして広告，人的販売，狭義の販売促進とのサブ・ミックスがあり，さらにまた広告ミックスとして新聞，雑誌，テレビ，ラジオなど下位のサブ・ミックスがある (橋本 1973, p.166)。

次に，マーケティングの全体戦略はマーケティング諸活動の機能領域全体にわたるものであり，それはマーケティング・ミックスに直接結びつくか否かによって全体戦略と統合戦略とに分けられる。全体戦略は，マーケティング・ミックスと直接に結びつかない戦略であり，市場細分化戦略や製品周期戦略などがあげられる。このうち市場細分化戦略は，空間的側面における戦略として市場標的 (特定の見込消費者グループ) の特徴によって，それぞれのマーケティング・ミックス手段である機能戦略が規定を受ける。また製品周期戦略は時間的側面における戦略として製品ライフサイクルの各段階の特徴によって，マーケティング・ミックス手段である機能戦略が規定を受ける (橋本 1973, pp.162-164)。

これに対して，マーケティングの統合戦略は，マーケティング・ミックスと直接に結びついたマーケティング・ミックス戦略そのものであり，製品・価格・経路・販売促進などの諸活動を一定の戦略目標達成のために最も効果的・効率的に組み合わせることである。したがって，これらマーケティング諸活動の相互連関を把握し，相互のバランスを維持しながら，連動させ統合させる統合的・全体的視点が必要となるばかりでなく，絶えず変化する消費や需要の動向など市場標的に適合しなければならない(橋本 1973, p.166)。

　さらに，マーケティングの統合戦略の1つとして，高圧的マーケティング戦略（High Pressure Marketing）と低圧的マーケティング戦略（Low Pressure Marketing）が考えられる。高圧的マーケティング戦略は，生産されたものをいかに市場に積極的に販売するかが課題となり，いわばプロダクト・アウトの考え方に立脚したプッシュ戦略である。そのために経路戦略やそれを支える販売促進戦略が重要なマーケティング活動領域となる。したがって，経路戦略として寡占メーカーは，販売店に自社製品の積極的な販売を強要させる。そのために販売促進活動としてディーラー・ヘルプス（販売店援助）ないしディーラー・プロモーションに重点がおかれる。しかもまたセールスマンを中心とする人的販売のウェイトも高くなり，それとともに積極的なサービス戦略にも重点がおかれる。

　他方，低圧的マーケティング戦略は，消費者中心主義を基底として消費者ニーズを汲み取り，どのような製品を生産すれば販売できるかというマーケット・インの考え方に立脚したプル戦略である。そのために製品戦略やそれを支える販売促進戦略が重要なマーケティング活動となってくる。つまり，生産に先立って消費者の欲求や需要を調査したうえで生産に反映させなければならない。そのために市場調査やマーチャンダイジングが重視され，その製品戦略としては消費者ニーズに適応した市場細分化戦略が中心となる。それとともに販売促進活動としては広告が最も重要な手段となり，メーカーは自社のブランド（商標）を消費者に売り込み，消費者へのプリ・セリングによってプル戦略を行わなければならない(橋本 1973, p.163, pp.178 – 185)。

2. マーケティング部分戦略

(1) 製品戦略

　今日の社会は高度に発達した商品経済にもとづく資本主義社会であり，その基盤となる商品は使用価値と交換価値という2つの価値側面を有している。商品の使用価値は，品質・形態・構造など製品それ自体の本来的品質にもとづく基本的機能のほかに，本来的品質にはなんら差異がないデザイン・スタイル・色彩，さらに包装・ブランド・各種サービスなどの副次的機能をも含めたもので，消費者が識別し評価できるすべての要素を含む概念である。

　マーケティング戦略としての製品の使用価値は，価値の側面に規定されながら純然たる本来的品質としてはあらわれない。それは，製品の本来的品質にもとづく基本的機能以上に副次的機能にそのウエイトが高まっている。特にデザイン・包装・ブランドなどの副次的機能は，消費者の主観的な選好に訴求する手段となっているだけに企業にとっての操作性も大きく，それだけマーケティングの製品戦略において重要な役割を演じる（森下 1994, p.76；岩永 2007, pp.75 - 76）。

　製品戦略は，まずいかなる製品を生産し販売するのかという製品自体に関する戦略であり，その出発点が新製品開発である。戦後のマーケティングは，技術革新と結びついた新製品開発がさかんに行われている。一般に，新製品の導入には巨額の設備投資を要し危険も大きく企業の存続を左右しかねない。それだけに新製品開発は，製品戦略の核心をなすものといってよかろう（森下 1969, p.230；岩永 2007, p.84）。新製品には，①本来的使用価値の創造といった新技術による新製品，②使用価値の部分的改良といった部分的改良製品，③副次的使用価値の改良といった外観的改良製品，④技術的改良を伴わない新用途の発見といった4つの次元が考えられるが，①本来的使用価値の創造といった真の意味での新製品はそれほど多くない。新製品のほとんどは，②③④の製品改良あるいは既存製品の新用途の発見といった場合が多い（橋本 1973, p.216）。

　次に，製品に付与されるブランド・包装・ラベル戦略も製品戦略の部分戦略である。そのうち，ブランドは，その出所と責任の所在を証明する。それによっ

て業者間の取引がスムーズに行われるばかりでなく，消費者もまたブランドによって製品を認識・評価して購買する。マーケティング戦略としてのブランドは，他の同種製品と比較してより良いイメージをもつように心理的差別化を図るための手段としてももちいられ，それによって消費者の愛顧を獲得し，市場の維持・拡大を図るものとして機能している(久保村 1965, p.44)。包装 (パッケージ) は，もともと製品の保護を目的として製品に装いを施し，運送や保管の期間に製品の保護と取扱い上の便宜を与える物的流通として機能していた。しかし，今日の包装は，単に製品の保護や取扱い上の便宜性を与えるといった本来的機能だけでなく，さらに販売促進の手段としても有効である (久保村・荒川編 1982, p.229, p.265)。ラベルは，製品に付与される単純な荷札や複雑なグラフィックである。このラベルの役割は，基本的には販売業者や消費者に製品情報を提供するものであり，それによって製品の安全な取引や購買が行われる。それが, 今日では，ブランドや包装と密接に関連しながら販売促進の一端も担っている(Kotler & Gary 1983, p.259 ; 村田監修・和田・上原訳 1983, p.408)。

　また，製品戦略としては製品差別化戦略，市場細分化戦略，製品の計画的陳腐化戦略がある。製品差別化戦略は，製品の出自が消費者にとって識別されるように自社製品の特異性を打ち出し，競争製品に対してその差別とか差異を強調することで需要をひきつけ，市場シェアを図る (角松 1980, p.84)。市場細分化戦略は，市場全体を漠然と把握するのでなく，消費者需要の特質に対応して市場全体をいくつかの市場セグメントに分割し，その市場セグメントごとの市場標的として戦略目標を選定し，その市場標的の特質に適応したマーケティング・ミックスを構成する (橋本 1973, p.186)。製品の計画的陳腐化戦略は，製品の使用価値の持続性を計画的に破壊し，製品のライフサイクルを短縮して消費者大衆を収奪するものであり，その意味では製品のライフサイクル戦略の一つの形態である(橋本 1973, p.210)。

　さらに，製品のライフサイクルに関する製品戦略がある。製品には寿命があり，それは，一般に新製品として市場に導入したあとしだいに普及し，やがて代替商品の出現などにより市場から消滅してしまうまでのプロセスである。製

品のライフサイクル戦略は，この製品の寿命を導入期・成長期・成熟期・衰退期などに分け，各期におけるマーケティング支出や努力を展開する戦略である（岩永 2007, p.79）。

(2) 価格戦略

今日の社会では，商品やサービスなど価値あるものはほとんどその貨幣的表現である価格によって表示される。現実の価格戦略は業界によってさまざまであるが，マーケティングにおける価格戦略は，寡占企業によってある程度独自の意思で意図的に設定され維持される管理価格が対象となっている。そして，それは，価格設定と価格の維持・管理が中心課題となり，競争手段としての価格競争は行われるとしても，価格設定された枠内で補完的に行われる（森下 1969, p.224）。

企業が価格を設定するに際しては，企業を取り巻くさまざまな環境要因が考慮されるが，特にコスト・需要・競争を核として，販売量やコストを予測しながら，いくつかの代替案のなかから価格を設定しなければならない。その際の価格設定の目標としては，利潤の最大化，目標利益率の達成，マーケット・シェアの獲得，安定価格，競争への対応，需要への対応などがある（懸田 1992b, p.63）。なお，価格設定方式には，コスト重視型価格設定方式，需要重視型価格設定方式，競争重視型価格設定方式，多段階的価格設定方式などがある。現代の寡占企業による価格設定において最も一般化している方式は，コスト重視型価格設定方式としてのコスト・プラス方式（原価加算方式）である。この原価加算方式では製造コストおよびマーケティング・コストなどに一定のマージンを加えたものが価格となる（岩永 2007, pp.99‒100）。

寡占企業にとっての価格戦略は高い水準に設定されるだけでなく長期的かつ安定的に維持されなければならない。そのために寡占企業の価格設定に際しては企業間で協調行動をとることが多く，このうち公然と協定し設定される価格がカルテル価格である。なお，一般的に行われている価格協調行動は，秘密裡で暗黙の了解のうちに行われる価格先導制（プライス・リーダーシップ）と呼ばれる。この価格先導制によって統一的に設定された価格が管理価格である（鈴木

1973, pp.127 - 128)。

　また，生産者段階で設定・維持されたカルテル価格ないし管理価格は，流通段階でも維持・管理され，最終の消費者まで貫徹されなければならない。そのために寡占企業は，流通過程に介入することによって価格を維持・管理しながら商品の販売を達成することを不可欠の課題とする。このような条件を満たすものとしては，再販売価格維持契約にもとづく価格が存在するが，それは，一般に独占禁止法に違反するところから，一部の化粧品や医薬品などの商品にしかみられない。そこで，この契約にもとづく価格に代わるものとしては，寡占企業が販売業者になんら義務を課すことなく流通段階において標準的な価格を設定しその価格を推奨する，いわゆる建値制が多くの消費財寡占企業によって広く採用される。この建値制にもとづく流通末端価格がメーカー希望小売価格(標準小売価格)である(小林 1990, p.52)。

　なお，寡占企業が相互に協調して設定・維持する管理価格あるいは流通支配を通じて契約にもとづく価格やメーカー推奨のメーカー希望小売価格は，ある程度管理可能な価格であるとしても，それは需要までも管理できない。したがって，市場の状況からその変更を迫られる場合が多くありうる。つまり，寡占企業は，一方では相互の利益を図って価格協調行動をとりつつ，他方では個別的視点にもとづいて単独で価格競争行動を展開することが多い。その場合，基本的な価格戦略の枠内において，それを補完するものとして割引・リベートや差別価格などの付随的価格競争を展開する(森下 1969, p.227)。

(3) 経路戦略

　商品は市場関係に規定されながら売買取引によって生産者から消費者へと流通する。このような商品売買の継起的段階は流通経路と呼ばれる(風呂 1984, p.36)。流通経路は商品の種類によって異なるし，同一種類の商品が複数の流通経路をもつこともある。一般に，消費財は，生産者→卸売業者→小売業者→消費者という流通経路が最も基本的なパターンとなる。

　ところで，寡占企業は，相対的に狭隘化した市場でその地位を維持・強化しながら市場を確保・拡張するために，社会的な流通経路を私的な流通経路に再

編成し自己の管理のもとに置こうとする。これが経路戦略であり，これには商業を利用しない直接販売と商業を利用した間接販売との2つの方法がある。

　まず，直接販売は，寡占企業自ら直接に販売問題の担い手となり，商業依存から完全に脱却して直接に消費者に販売するものであり，文字通り商業排除と呼ばれるものである。具体的形態としては通信販売・訪問販売をはじめとして自社の販売営業所や支店ならびに販売会社を通しての販売などがある。

　次に，間接販売は，寡占企業が商業を単純に排除するのではなく，商業に依存しながらそれを系列化して利用するものである。この商業の系列化は，一方では商業の独自の活動を前提としながら，他方ではその活動の独自性を制約するという矛盾を含んでいる。これは，程度の差こそあれ，特定の寡占企業の意図を実現するために，既存の商業を個別的に系列化するものであり，このように個別的に系列化された商業を媒介とする流通経路はマーケティング・チャネル（以下，チャネル戦略）と呼ばれる（石原 1973, pp.150 – 151）。

　チャネル戦略は，寡占企業の生産力や販売努力の程度，競争の状況，商業との力関係，費用の負担関係などによって規定され，製品次元・商業機能次元・チャネル類型次元から考えられる。チャネル戦略は，寡占メーカーが本来社会的な商業を系列化して自己の私的な流通経路へと再編成するためにチャネルを構築し，それを維持・管理することである。その場合，寡占企業とチャネルに参加する商業とは共通の利害関係にあり，商業はチャネル戦略によって制限されているとはいえ，なお独自性をもっている。もし，チャネル・メンバーの間に衝突が発生したならば，寡占企業は経済力・支配力をもとに共通目標の設定，コミュニケーションの改善，政治，説得，交渉などを通じて問題解決を図ろうとする（Bowersox, Cooper, Lambert, Taylor, 1980, pp.108 – 113）。さらに，寡占企業は商業の系列化を強化しながら，自己のチャネルを維持・強化するために不断の努力をしなければならない。この一連の努力がいわゆる販売店援助（ディーラー・ヘルプス）にほかならない（森下 1969, p.221）。

(4) 販売促進戦略

　販売促進活動はその形式からみると情報活動やコミュニケーション活動であ

る。そこで伝達されるものは製品や企業などに関する情報であり，この情報にもとづいて消費者は購買行動をとる。マーケティングとしての販売促進は，消費者の合理的な購買を可能にするだけでなく，消費者の欲望を刺激しながら需要を操縦することによって製品の需要を創造することにある。その意味で，それは，説得活動であり，そのために行われる情報活動ないしコミュニケーション活動である（森下 1969, p.233）。そして，マーケティング戦略としての販売促進戦略は，広告，人的販売，狭義の販売促進という3つの範疇に分けて考えられる。

　広告は，特定の企業のために特定のメッセージを有料な物的手段をもちいて行う販売促進活動である。今日の高度情報化社会においては，大量生産に見合う大量販売のための手段として，広告が最も重要な販売促進になっている（森下 1969, p.234）。なお，広告は情報的広告と説得的広告とに分けて考えられるが，その本質は特定商品に対して消費者の愛顧を確保することから，報知的側面と同時に説得的側面を有していなければならない（岩永 2007, p.143）。

　人的販売は，セールスマン自らの口頭や態度など人的手段による販売促進活動である。この人的販売は，最も古くから存在しているもので，はじめは個人の才能や経験に委ねられていたが，最近ではマーケティングの発展に伴い著しく精巧かつ体系化されており，一般にセールスマンシップと呼ばれる（岩永 2007, pp.149 - 150；橋本 1971, p.84）。したがって，現代の人的販売は，統合的なマーケティング・システムのなかに組み込まれ組織的に統一された活動として展開されなければならない。そのためには，セールスマンシップを整備・体系化しながら，セールスマンとマーケティング諸活動との相互関係を的確に把握して，統一的かつ効率的なセールスマン活動が展開できるように，セールスマンを組織・管理・統制しなければならない。これが販売員管理である（来住 1997, p.234）。

　狭義の販売促進は，「人的販売,広告活動,パブリシティなどを除くマーケティング諸活動のことであり，消費者の購買やディーラーの効率性を刺激するような陳列，展示，展覧会，実演，そのほか定式過程のようには繰り返して行われ

ることがない販売諸努力」(AMA, 日本マーケティング協会訳 1969, pp.51 – 52) とあるように, 広告と人的販売以外のそれらを補足・補完するための販売促進活動といえよう。これは, 企業内部に対する販売促進, 販売業者に対する販売促進, 消費者や顧客に対する販売促進の3つに分けられる。

みられるように, 販売促進戦略は, まず広告が新聞・雑誌・ラジオ・テレビなどの物的手段を通じて, 主として不特定多数の消費者を対象に比較的広域的な情報活動を行うことによって, 消費者自ら好んで商品を購買するように引き込む, いわゆるプル戦略としての役割を果たしている。次に人的販売が, セールスマンによる人的手段を通じて, 当該商品を取り扱っている販売業者や消費者に集中的な情報活動を行うことによって, 商品を積極的に押し込む, いわゆるプッシュ戦略としての役割を演じている。さらに狭義の販売促進が, 広告と人的販売を補完するものとして, 各種のサービスを通じて販売業者や消費者への販売促進活動を行うものである。そして, これら広告, 人的販売, 狭義の販売促進活動を効率的に組み合わせることによって最大の販売促進効果が発揮されなければならない。この組み合わせがプロモーション・ミックスと呼ばれている。したがって, 販売促進戦略は, 最適のプロモーション・ミックスが行われるように, 広告, 人的販売, 狭義の販売促進活動の効率的な組み合わせないしそのウエイトづけが大きな課題となる(岩永 2007, p.139)。

(5) マーケティング・ミックス戦略

マーケティングは, 商品の販売に関わり売れる仕組みを構築するものである。それは, どのような商品を, どれくらいの価格で, どのような経路や手段をもちいて販売するかというマーケティング・ミックス問題に帰着する。しかも, マーケティングの部分戦略としてマーケティング・ミックスを構成する製品・価格・経路・販売促進の活動領域はそれぞれ他をもっては代え難い独自性をもっている。すなわち, 経路戦略は, その構築・管理がマーケティングの基礎であり, 他の諸活動を有効に展開させるための場を準備するという独自の役割を演じている。価格戦略は最大限利潤の実現というマーケティングの最終目的を達成するための直接的な手段であり, そのために他の活動領域はその価格設定・維持

のためのいわば二次的手段としての役割を演じる関係にある。さらに，製品戦略はマーケティング戦略を展開する出発点であるとともに，社会的欲望と直接に結びつく要因として特殊な位置にある。また，販売促進戦略は企業のすべての活動を市場に説得的に伝達する手段として，他の諸領域の有効性を左右する位置にあるといってよかろう(森下 1974a, pp.66－67)。

このようにマーケティング部分戦略としての4つの活動領域は，それぞれ独自の役割をもつものであり，それと同時に4つの領域はひとしく需要創造のために，またそのための競争手段としての役割を担っている。そして，これらの活動は，一方では相互補完的な関係でありながら，他方では相互代替的な関係にもある。現実には経済の構造・循環の変化に伴って，またその主体である寡占企業の置かれている市場構造やそこでの地位に応じて，それぞれ活動領域の役割やウエイトは時間的にも空間的にも変化する。それによって，それらの相互間の補完・代替的な関係もまた自ら異なったものとなる(森下 1994, pp.67－68)。

(参考文献)

American Marketing Association (1960), *Marketing Definitions : A Glossary of Marketing Terms*.(日本マーケティング協会訳(1963)『マーケティング 定義集』日本マーケティング協会)。

D. J. Bowersox, M. B. Cooper, D. M. Lambert, D. A. Taylor, (1980), *Management in Marketing Channels*, McGraw－Hill, Inc.

E. J. McCarthy & W. D. Perreault, Jr., (1990), *Basic Marketing : A Managerial Approach, 10th ed.*, Richard D. Irwin, Inc.

P. Kotler & S. J. Levy (1969), "Broadening the Concept of Marketing", *Journal of Marketing*, Vol.33 No.1.

P. Kotler & G. Armstrong (1980), *Principles of Marketing, 4th ed.*, Prentice Hall International, Inc.(村田昭治監修・和田充夫・上原征彦訳(1983)『マーケティング原理-戦略的アプローチ-』ダイヤモンド社)。

W. Lazer(1969), "Marketing Changing Social Relationship", *Journal of Marketing*, Vol.33 No.1.

安部文彦(1998)「マーケティングの概念」安部文彦・岩永忠康編著『現代マーケティング論-商品別・産業別分析-』ミネルヴァ書房。

懸田 豊(1992a)「マーケティング管理」木綿良行・懸田 豊・三村優美子『テキストブック 現代マーケティング論』有斐閣。

懸田 豊(1992b)「価格政策」木綿良行・懸田 豊・三村優美子『テキストブック 現代マーケティング論』有斐閣.
石原武政 (1973)「経路政策」森下二次也監修『マーケティング経済論 下巻』ミネルヴァ書房.
市川 貢(1997)「競争行動」三浦 信・来住元朗・市川貢著『新版 マーケティング』ミネルヴァ書房.
岩永忠康(2007)『マーケティング戦略論 増補改訂版』五絃舎.
岩永忠康(2008)「中国における外資系小売企業の展開」那須幸雄・安部文彦・岩永忠康・渦原実男編著『マーケティングと小売商業-生活者の求めるものとは-』五絃舎.
岩永忠康 (2011)「現代流通のアウトライン」岩永忠康監修・西島博樹・片山富弘・岩永忠康編著『現代流通の基礎』五絃舎.
大石芳裕 (2002)「カタログ制作におけるサプライチェーン・マネジメント」陶山計介・宮崎昭・藤本寿良編『マーケティング・ネットワーク論』有斐閣.
大崎孝徳(2008)「流通と情報」岩永忠康・佐々木保幸編著『流通と消費者』慶応義塾大学出版.
岡田千尋(1992a)「マネジリアル・マーケティングの成立」尾碕 眞・岩永忠康・岡田千尋・藤澤史郎『マーケティングと消費者行動』ナカニシヤ出版.
岡田千尋 (1992b)「マーケティング計画と組織」尾碕 眞・岩永忠康・岡田千尋・藤澤史郎『マーケティングと消費者行動』ナカニシヤ出版.
岡本喜裕(1995)『マーケティング要論』白桃書房.
角松正雄(1980)「製品戦略と価格戦略」橋本 勲・阿部真也編『現代の流通経済』有斐閣.
来住元朗 (1997)「販売員管理」三浦 信・来住元朗・市川 貢著『新版 マーケティング』ミネルヴァ書房.
久保村隆祐(1965)「商標政策」深見義一編『マーケティング論』有斐閣.
久保村隆祐・荒川祐吉編(1982)『商業辞典』同文舘.
小林逸太(1990)「日本的価格形成とリベート制度」『ジュリスト』No.950, 有斐閣.
斎藤雅通(2002)「経営戦略とマーケティング・マネジメント」保田芳昭編『マーケティング論 第2版』大月書店.
坂本秀夫 (2005)『現代マーケティング概論 第2版』信山社.
嶋口充輝(1986)『統合マーケティング-豊饒時代の市場志向経営-』日本経済新聞社.
嶋口充輝(1995)「関係性マーケティングの現状と課題」『季刊マーケティング・ジャーナル』Vol.15, No.2.
鈴木 武(1973)「価格政策」森下二次也監修『マーケティング経済論 下巻』ミネルヴァ書房.
鈴木 武(2005)『市場経済システムと流通問題』五絃舎.
田村正紀(1987)『日本型流通システム』千倉書房.
中村孝之 (2001)「マーケティング管理」及川良治編著『マーケティング通論』中央大学出版部.
那須幸雄 (2001)「戦略的マーケティング」安部文彦・山本久義・岩永忠康編著『現代マーケティングと流通』多賀出版.
西島博樹 (2011)「商業の基礎理論」岩永忠康監修・西島博樹・片山富弘・岩永忠康編

著『現代流通の基礎』五絃舎。
橋本 勲(1971)『現代商業学』ミネルヴァ書房。
橋本 勲(1973)『現代マーケティング論』新評論。
藤岡章子(2002)「リレーションシップ・マーケティングの理論的展開」陶山計介・宮崎 昭・藤本寿良編『マーケティング・ネットワーク論』有斐閣。
風呂 勉(1984)「流通経路の変遷」久保村隆祐・原田俊夫編『商業学を学ぶ 第2版』有斐閣。
三浦 信(1963)『現代マーケティング論』ミネルヴァ書房。
三浦 信(1997)「マーケティング」三浦 信・来住元朗・市川 貢著『新版マーケティング』ミネルヴァ書房。
村上泰亮・熊谷尚夫・公文俊平(1973)『経済体制』岩波書店。
森下二次也(1966)『現代商業経済論』有斐閣。
森下二次也(1968)「商業の分化と商業組織」森下二次也編『商業概論』有斐閣。
森下二次也(1969)「経営販売論」馬場克三編『経営学概論』有斐閣。
森下二次也(1993)『マーケティング論の体系と方法』千倉書房。
森下二次也(1994)『現代の流通機構』世界思想社。
矢作敏行(2007)『小売国際化プロセス−理論とケースで考える−』有斐閣。
渡辺達朗(2008)「流通を読み解く視点」渡辺達朗・原 頼利・遠藤明子・田村晃二著『流通論をつかむ』有斐閣。

岩永忠康

第Ⅰ部
マーケティングの基本戦略

第1章　製品戦略
―製品コンセプトと製品開発―

第1節　製品コンセプト

　ここでは，マーケティング・ミックスの4Pの1つである製品戦略における製品コンセプト(Product Concept)について述べる。なお，製品の概念には，製品やサービスが含まれる。

　マーケティングにおける製品は，「便益の束」として捉えられる（和田1996, pp.168 - 169）。例えば，女性が口紅を買うのは単に口紅そのものを欲しいからではなく，美しくありたいという問題解決のためである。また，電動ドリルを買う顧客は，穴をあけたいという欲求を満たすためである。

　製品コンセプトには3つのレベルがある。その最も基本的なレベルは，便益の束の「中核部分」，これは「コア・ベネフィット」と呼ばれ，顧客が何を求めて製品を買うのかという根本的な問いに応えるものである。「コア・ベネフィット」に，物理的なものの場合，機能，品質，スタイル，ブランド，パッケージといった特性が加わって，「正式な製品」や「実態製品」となる。口紅や電動ドリルもそのような特性がそなわって，正式な製品となる。また，サービスの場合，無料であるとか待ち時間を必要とするといったようにある特性をもって提供されるとき，正式な製品となる。さらに，保証や取り付けなどの「付随部分」がある。これは「拡大された製品」，「付随的サービス」とも呼ばれる。製品にはこれらの3つのレベルが存在し，便益の束といわれる[1]（図表1参照）。

---

1) コトラーは，発展的に中核ベネフィット，一般製品，期待された製品，拡大された製品，潜在的製品の5次元で捉えている（Kotler, 村田監修・三村他訳1996, pp.412 - 413）が，

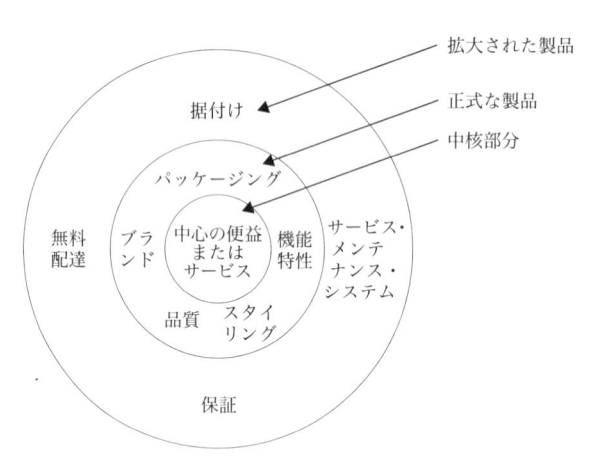

図表 1　製品コンセプト

- 拡大された製品
- 正式な製品
- 中核部分

（図：中心から外へ）中心の便益またはサービス／ブランド、機能特性、品質、スタイリング、パッケージング／据付け、無料配達、サービス・メンテナンス・システム、保証

出所：Kotler, 村田監修・三村他訳 1983, p.305。

しかし，上原征彦は，それは売り手からみた製品の捉え方の1つにすぎないとしている（上原 1999, pp.128 – 140）。例えば，タンスはそのものでは完成ではなく，顧客の住まいの中にうまく位置付けられて初めて製品となる。つまり，製品化するまでに買い手にしてもらう行為も当然考慮すべきだと指摘している。

また，コトラーは，5つの製品レベルがあることも指摘している（Kotler, 恩蔵監修・月谷訳 2002, pp.226 – 227）。それは，コア・ベネフィット，基本製品，期待製品，膨張製品，潜在製品である。コア・ベネフィットと基本製品は前述と同じである。期待製品とは，消費者がその商品を購入する際に期待する属性と条件の一式である。ホテルの宿泊客の場合，清潔なベッド，洗い立てのタオルなどである。膨張製品は，ホテルの場合，豪華なテレビ，生け花，迅速なチェックインとチェックアウトへの対応である。今日の競争はこのレベルで生じているとしている。潜在製品は，製品に将来的に可能性のある膨張及び転換をすべ

以前にみられた3次元(Kotler, 村田監修・三村他訳 1983, pp.305 – 307)のほうがわかりやすい。

て含ませている。ここでは，企業が顧客を満足させ，自社製品を特徴づける方法を探索しなければならないとしている。コトラーは前述より製品コンセプトを拡大しているが，マーケターとしては3つの製品コンセプトのほうが理解しやすい。特に潜在製品レベルについて，製品レベルよりもシステムレベルにまで拡大しているが，当初のコア・ベネフィットの存在が希薄になる危険がある。

第2節　製品コンセプトの開発

　マーケティングに対するエンジニアリングの側面からみよう。製品コンセプトは開発担当者にとっての「製品開発上の指針」である。顧客にとっては，「その製品がどのようなものであるか」を理解できるよう簡潔にまとめられたものである。製品コンセプトを基盤マーケティング・リレーションで表現すると，(A, B, P)となる。すなわち，「Aなので，BができるPです」となる(朝野・山中 2000, pp.72-75)。

<製品コンセプト例（A, B, P）>
　A：お茶とその有効成分カテキンと各種ビタミン・ミネラルが配合されているので，

　B：さわやかで速く吸収され，疲労回復に役立つ，

　P：栄養・スポーツ飲料です。

　しかし，ここでの問題は顧客サイドの要素を製品コンセプトの中に含めないことである。前述の製品コンセプトはどのような製品かを規定するものであり，人と製品との関係は時間とともに変化する。そのため，その製品コンセプトが顧客に受け入れられるかどうかについて，製品コンセプト調査が必要となる。

　また，アート的要素の強い製品コンセプト創りにおいて，そのエンジニアリング化としての創出支援システムがある。その一部を示すと，標準的手順の概要は，次のとおりである。①市場構造と製品領域の確認，②事実の整理と仮説出し（仮説インパクト表），③発想の拡大，④アイデアの絞込みとブラッシュアップである。特に重要なことは，仮説インパクト表の作成により個人レベルから

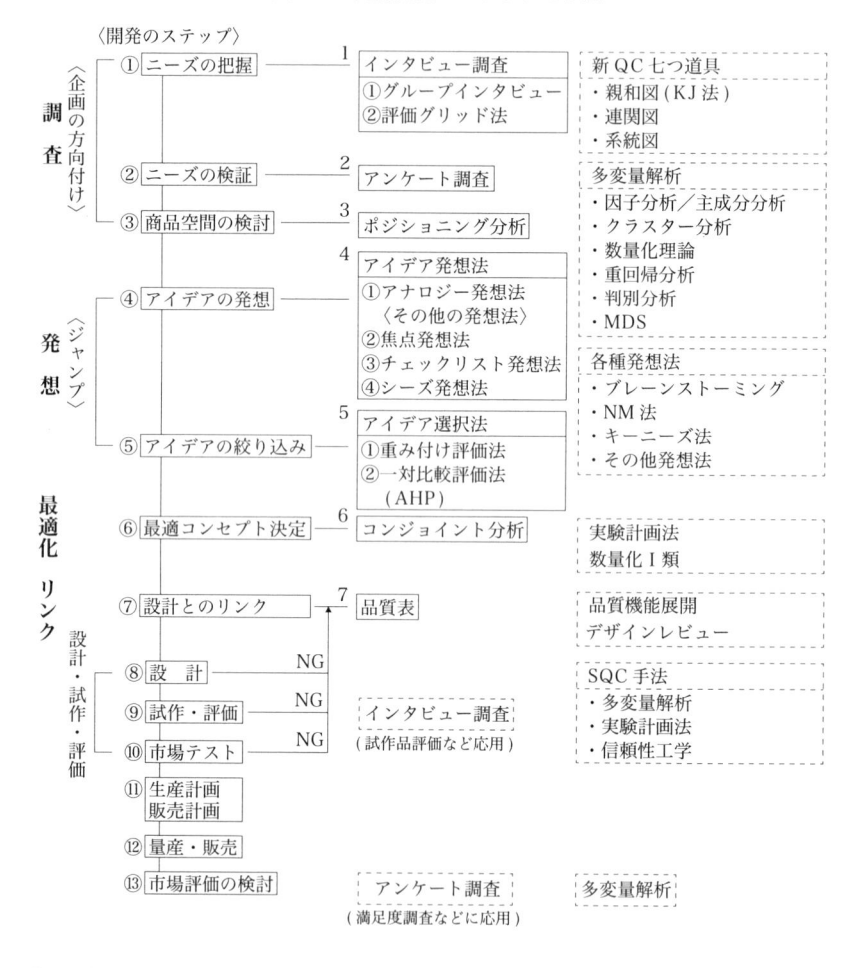

図表2　商品開発のステップと手法

段階	〈開発のステップ〉		手法	
〈企画の方向付け〉調査	① ニーズの把握	1	インタビュー調査 ①グループインタビュー ②評価グリッド法	新QC七つ道具 ・親和図（KJ法） ・連関図 ・系統図
	② ニーズの検証	2	アンケート調査	多変量解析 ・因子分析／主成分分析 ・クラスター分析 ・数量化理論 ・重回帰分析 ・判別分析 ・MDS
	③ 商品空間の検討	3	ポジショニング分析	
発想〈ジャンプ〉	④ アイデアの発想	4	アイデア発想法 ①アナロジー発想法 〈その他の発想法〉 ②焦点発想法 ③チェックリスト発想法 ④シーズ発想法	各種発想法 ・ブレーンストーミング ・NM法 ・キーニーズ法 ・その他発想法
	⑤ アイデアの絞り込み	5	アイデア選択法 ①重み付け評価法 ②一対比較評価法 （AHP）	
最適化　リンク	⑥ 最適コンセプト決定	6	コンジョイント分析	実験計画法 数量化Ⅰ類
	⑦ 設計とのリンク	7	品質表	品質機能展開 デザインレビュー
設計・試作・評価	⑧ 設計　　NG ⑨ 試作・評価　NG ⑩ 市場テスト　NG		インタビュー調査 （試作品評価など応用）	SQC手法 ・多変量解析 ・実験計画法 ・信頼性工学
	⑪ 生産計画 　　販売計画			
	⑫ 量産・販売			
	⑬ 市場評価の検討		アンケート調査 （満足度調査などに応用）	多変量解析

出所：神田 2000, p.58。

組織レベルに，仮説でも既に検証された事実などを関係者間で共有することである。

　次に，製品企画ステップにおける製品コンセプト開発をみる（神田 2000, p.58）。実際の製品コンセプト開発はステップどおりに進むとは考えにくいが，

サイエンス化を志向していることがわかる。各種手法の説明はここではふれないが，メーカーの場合には設計とのリンクにおいて，品質表が重要になる。これは，顧客のニーズが言葉になったものと企業設計との対応関係を示す表であり，製品コンセプトが技術の言葉に変換される(図表2参照)。

さらに，製品コンセプトと成功率との関係をみると，顧客の問題解決策を起点とするアプローチの成功率が最も高く，マーケティング・リサーチ，消費者ニーズの順である（青木・恩蔵 2004, 第2章）。逆に，独自アイデアやトレンドを起点とする製品コンセプトの成功率は低い。また，新製品コンセプトの特徴と成功率との関係をみると，新製品のコンセプトは，新しくて重要なニーズを追求したニーズ追求型，消費者ターゲットを絞り込んだセグメント集中型，消費者の工夫を取り入れた消費者後追い型，既存の製品によりよい技術を持ち込んだ技術優位型，他の製品のトレンドを模倣したトレンド追求型，安い価格を提供する経済性追求型に分類される。ニーズ追求型，消費者後追い型の成功率が高く，逆に技術優位型が最も成功率が低い。

第3節 製品コンセプトの源泉

優れた製品コンセプトはどこから生じるのであろうか？それは，マーケティング調査からだけではない。製品開発におけるマーケティング調査手法の重要さについて，製品コンセプトの開発は，現場から生じてくると考えたほうが理解しやすい（図表3参照）。それは，マーケットに対するインサイト（洞察力・Insight）であり，過去の経験からくる直感であり，ひらめきであると考えられるからである。ベンチャー企業を起こす場合にも，単に利益追求だけでなく，社会貢献を志向することがある。それは結果として社会貢献となった場合もあるが，その根源には，顧客にとっての便利さの追求といったものをコア・ベネフィットとして市場に提供したいという製品企画者の熱意であると考えられる。当初から合理的な製品コンセプトの開発を知っていたわけではなく，また，

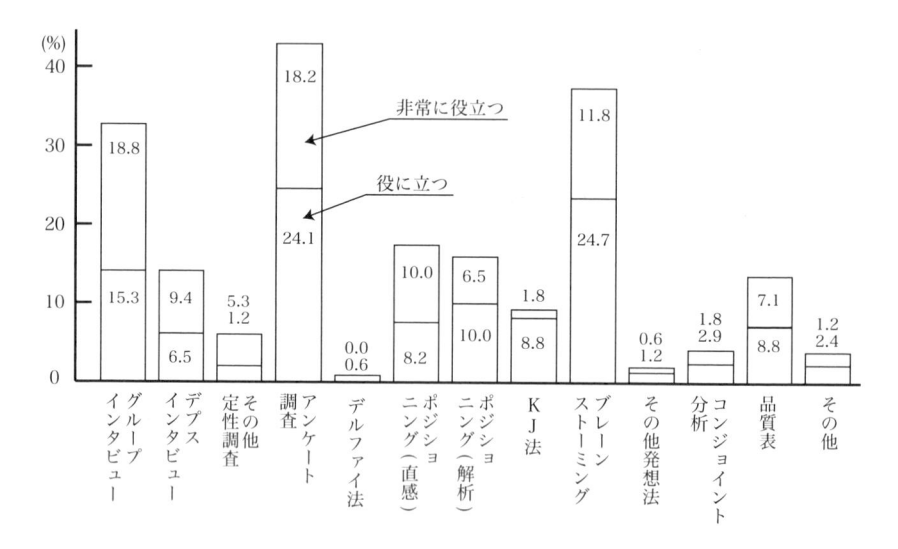

図表3　商品開発におけるマーケティング調査手法

手法	非常に役立つ	役に立つ
グループインタビュー	18.8	15.3
デプスインタビュー	9.4	6.5
その他定性調査	5.3	1.2
アンケート調査	18.2	24.1
デルファイ法	0.0	0.6
ポジショニング（直感）	10.0	8.2
ポジショニング（解析）	6.5	10.0
KJ法	1.8	8.8
ブレーンストーミング	11.8	24.7
その他発想法	0.6	1.2
コンジョイント分析	1.8	2.9
品質表	7.1	8.8
その他	1.2	2.4

出所：神田 2000, p.62。

仮に知っていて活用したとしても，顧客に受入れられるか否かはわからない。例えば，日清食品のカップヌードルは，今でこそ食の簡便さを追求した代表格であるが，70年代当初においては，顧客はそれを食品として理解するのは困難であった。それを食品として意欲的に促進したのは安藤百福社長の熱意であった。それは，渡米の際にチキンラーメンをコップにいれる（アメリカでは当時，どんぶりが無かった）瞬間をみたからであったといわれている。これこそ，製品コンセプトのひらめきである。では，そこには，科学が役立たないのかというとそうではない。製品開発におけるマーケティング手法は今日，開発がなされているものの，必ずしも合理的に行われているとは考えにくい。むしろ，アート的要素を製品開発の初期段階では重視し，サイエンスで補完していくスタイルの製品コンセプト開発が望まれる。

　次に，製品コンセプト創造のプロセスについて考察する。コンセプト創造のプロセスは暗黙知と形式知との間の変換プロセスである（織畑 1996，第3

章）。コンセプト創造の重要性は暗黙知のレベルにとどまっている個人的な認知，信念，イメージを揺り動かし，他者と共有可能な安定した形式知へとつなげる点にある。例えばシャープでは「子供の中にどんなエレクトロニクスの可能性があるか」という課題に対して，子供たちと接触を繰り返すことにより，「無秩序で混沌とした状態にある多様な暗黙知」である潜在ニーズに働きかけ，おもちゃ屋，お菓子屋などの外部者も導入して，メタファーによって情報を凝縮，整理，意味づけ，編集し，体系化されたモデル，つまり製品コンセプトにまで昇華させているのである。そして，知識変換の4つの窓として，個人のひらめきから始まる知の創造が共同化，表出化，連結化，内面化という知の変換パターンをスパイラルアップして，集団，組織レベルへ共有・発展していくプロセスとしている。これは，ナリッジ・マネジメント（Knowledge Management）としているが，経営学の基本であるKAE（Knowledge Ability Experience）の法則からすれば，当然のことであり，それに収束するものと考えることができる。

　さらに，製品コンセプト創造では，戦略の方向性が重要である。戦略の方向性によって，製品コンセプトに対するある程度の枠が決められることになる。これが無ければ，むやみな製品コンセプト創りとなり，社会的潮流やトレンドに流されやすい製品コンセプトとなる。企業におけるアンビションからくる戦略の方向性に沿った製品コンセプト開発は，マーケターにとって暗黙知と形式知を規定するものとして存在するが，時にはそのドメインを揺るがすような場合には排除するのではなく，情報を蓄積していくことが望まれる。

　別の視点として，製品コンセプトが先か，ターゲットが先かの論議がある。製品企画においては，同時並行が可能であり，いずれが先でなければならないということはない。つまり，製品コンセプトが考慮されれば，同時にターゲットについても考慮されなければならないのである。この2つは不可分の関係にある。製品開発のステップでは顧客ニーズを把握することから始まっていることが多いのであるが，このことは既に想定顧客層をもっており，ある程度の市場規模があることが見込まれている。そこで，想定ターゲットに対してコンセプトテストを実施し，コンセプトの受容性を確認することになる。この場合

に注意を要するのはコンセプトテストがうまくいっても，実際の市場での反応はいい結果を生じるとは限らない。また，ターゲット顧客ではなく，別の顧客がその製品コンセプトを受け入れることもありうる。そこで，最近ではネットも含めて顧客参加型の製品コンセプト開発もみられている。企業側と顧客側との共創関係を構築していく中で，よりよい製品コンセプトが創り出されていくことになる。

第4節　新製品開発ステップ

　新製品開発のステップは，主に次の流れである(図表2参照)。①情報の収集，②情報のスクリーニング(精査)，③事業性の検討，④試作品の開発，⑤市場調査，⑥大量生産，⑦市場導入，といったステップである。実際は，各段階での問題点をクリアにするため，フィードバックしながら，また，試行錯誤しながら実施されていくので，必ずしもこのステップどおりではない。
　例えば，地域活性化のための特産品開発の進め方の例をみてみる。
①コンセプトの設定
　　特産品コンセプトを明確にするため，まず気候・風土，資源を調査するとともに，当該地や周辺の特産を検討する。その上で，当該地域独自の特産品づくりに対する基本的な考え方を設定し，特産品の方向づけを行う。ここでは，コンセプトとドメインの両方の明確さが必要である。また，マーケット・リサーチにより顧客ニーズの把握がなされることが望ましいが，ひらめきによる製品開発も可能である。
②アイデアの収集
　　広範囲から多数の斬新なアイデアを収集する。そのためには，例えば，特産品委員会のメンバーだけでなく，広く一般にアイデアを公募することも必要である。アイデアを多く出すには，ブレーン・ストーミングなどの手法を活用するとよい。思い入れがあると，自ずと必要な情報は集まる。
③アイデアの審査

多くのアイデアがあっても，経営資源の観点からすべてを実行できない。この段階はスクリーニングともいわれ，数多くのアイデアを精査することになる。つまり，アイデアを選別し，評価する。主要な検討事項は，特産品としての市場性，収益性，生産可能性などである。また，顧客ニーズとシーズ（自社の対応能力）のマッチングを行うことで次のステップがみえてくる。

④試作品づくり

アイデア審査にもとづいて，実際の形にする段階である。特産品の仕様・規格を決め，仕様書にもとづいて，試作品を作成する。この段階においても，アイデアが出てきた場合，試行錯誤しながら作成する。

⑤試作品のテスト

試作品を市場と技術の両面でテストし，特産品としての妥当性を判断する段階である。市場テストは，顧客の反応や市場の特性，競合品を考慮しながら店頭にて行われる。また，技術テストは，試作品の品質・性能を検討し，食品の場合には味覚テストなどを行う。この段階でOKであれば，次の市場導入準備に進むが，テストの結果判断によっては，必要な箇所までフィードバックする。

⑥市場導入準備

この段階では，生産においては，生産計画の立案によって，生産設備，原材料の調達，作業人員などの準備にとりかかる。また，販売においては，商品計画が立案され，パッケージ，ネーミング，ブランド，販売単価，流通チャネル，広告・販売促進展開，販売員，物的流通などの準備にとりかかる。

以上は，特産品の開発ステップであるが，仕入れ品においても，ほぼ同じような活動展開を行う。

しかし，ここで検討しなければならないことがある。新製品は本当に新製品なのであろうか。企業と市場にとっての新規性マトリックスでみると，製品は4つに区分される。企業と市場の両方にとって新規性がものが「まったくの新製品」である。その他の3つのタイプは新製品といわれながらも，新規性の高低によって異なる。新製品がちまたにあふれているようにみえるが，実は

「まったくの新製品」はそんなに数多くない。新製品の多くは，ミーツー（Me-Too）製品といわれているものである（図表4参照）。

図表4　企業と市場にとっての新規性マトリックス

企業にとっての新規性	高い	既存製品の改良型製品	まったくの新製品
	低い	低コスト志向性製品	リポジショニング型製品
		低い	高い
		市場にとっての新規性	

出所：Kotler，村田監修・三村他訳 1996, p.253。

第5節　製品戦略の動向

　本章ではB to Cを中心に取り上げたが，B to Bを対象とした製品開発もある。「生産財マーケティング」の分野は裾野が広い。例えば，部品や機械装置などを対象とした分野であり，消費者に相当するユーザーといわれる顧客のニーズを的確に捉えながら，特にQ(Quality・品質)・C(Cost・コスト)・D(Delivery・納期)を意識しながら，新製品開発を行っている。

　また，最近，インターネットを活用したマーケティング展開がみられるようになった。「インターネット・マーケティング」や「Eマーケティング」や「Webマーケティング」と呼ばれている。製品に関するリサーチや製品開発も，ターゲット顧客とインターネットを通じて協働で行っている。企業側ではなく，顧客側主導で展開されている「リバース・マーケティング」にも注視しなければならない。例えば，兵庫県のかばん製造会社は，ネット上で試作品(プロトタイプ)を公表し，ネットユーザーからのコメントを収集し，製品開発を行っている。インターネットを利用することで，リサーチ費用が安く，迅速な製品開発ができるというメリットがある。

(参考文献)

P. Kotler (1980), *Marketing Management 4th ed.*, Prentice Hall. (村田昭治監修・三村優美子他訳(1983)『コトラー マーケティング・マネジメント 第4版』プレジデント社)。
P. Kotler (1994), *Marketing Management 7th ed.*, Prentice Hall. (村田昭治監修・三村優美子他訳(1996)『コトラー マーケティング・マネジメント 第7版』プレジデント社)。
P. Kotler (2001), *A Framework for Marketing Management,* Prentice-Hall. (恩蔵直人監修, 月谷真紀訳(2002)『コトラーのマーケティング・マネジメント』ピアソン・エデュケーション)。
青木幸弘・恩蔵直人編(2004)『製品・ブランド戦略』有斐閣アルマ。
池尾恭一・青木幸弘・南知恵子・井上哲浩(2010)『マーケティング』有斐閣。
石井淳蔵(1993)『マーケティングの神話』日本経済新聞社。
朝野裕彦・山中正彦(2000)『新製品開発』朝倉書店。
上原征彦(1999)『マーケティング戦略論』有斐閣。
織畑基一(1996)『日本企業の商品開発』白桃書房。
恩蔵直人(1997)『製品開発の戦略論理』文一総合出版。
片山富弘・谷本貴之・松井温文編(2009)『就職に役立つマーケティング』一灯館。
神田範明(2000)『商品企画七つ道具』日科技連。
竹内慶司・片山富弘編(2011)『市場創造−顧客満足とリレーションシップ−』学文社。
田中 央(2003)『商品企画のシナリオ発想術』岩波アクティブ新書。
那須幸雄・安部文彦・岩永忠康・渦原実男編 (2008)『マーケティングと小売商業−生活者の求めるものは−』五絃舎。
三宅隆之(1991)『実践新商品開発コンセプト・チャート集』日本能率協会。
古田隆彦(2003)『人口減少社会のマーケティング』生産性出版。
山本靖雄(1993)『新製品開発の生産性をどう高めるか』ダイヤモンド社。
和田光夫・恩蔵直人・三浦俊彦(2007)『マーケティング戦略 第3版』有斐閣 アルマ。

片山富弘

第2章 製品戦略
―パッケージング―

第1節 製品の分類

　製品（サービスを含む）は，企業の経営戦略およびマーケティング戦略の根幹をなすものであり，それなくして収益を上げることなど不可能である。また，製品の分類については，さまざまな捉え方がある。本節では，製品に関するいくつかの分類をみていく。

1．形あるものとないものによる分類
　製品は，財という概念によって説明できる。それには，空気や日光などの自然環境に存在し，貨幣との交換価値のない自由財と清涼飲料水や地デジ対応液晶テレビなど貨幣との交換価値を有する経済財がある。具体的に経済財は，次の2つの形態に分類できる。

(1) 有形財(Tangible Goods)
　これは，物理的に目にみえる経済財である。また，有形財は，耐久財と非耐久財に分けられる。耐久財とは，長期間の利用や保存に耐えうる有形財である。具体的には，冷蔵庫や洗濯機，衣料品などが該当する。耐久財は，高額製品で粗利益が高く，購買頻度が低いため，人的販売やサービスが強く求められる。一方，非耐久財は，飲食料品や日用雑貨品など1回から数回の利用で消費あるいは消耗される有形財である。そのため，購買頻度が高くなり，低価格・低粗利益であるため，購買機会の拡大や再購買を促すプロモーション活動が必要となる。

(2) 無形財(Intangible Goods)

これは,サービスなど形がないため目にみえない経済財である。具体的には,宅配便サービスや法律相談などが挙げられる。またその特徴としては,次の4つがある(Kotler & Keller, 恩蔵監・月谷訳 2008, pp.501 – 505)。

①無形性・・・形がなく目にみえない存在であるため,人やシンボルや価格で判断

②不可分性・・予め製品を生産したり,貯蔵できないため,場所と時間において生産と消費が同時

③変動性・・・人的行為が製品となるため,品質が不均等

④消滅性・・・生産と消費が同時のため,継続的に使用できず,在庫が不可能

2. 最終的な利用者による分類

最終的な利用者によって製品を分類した場合,一般的には生産財と消費財に分類できる。

(1) 生産財 (Production Goods)

これは,完成品を生産するために必要な材料,部品,機械設備や事務所で購入される事務機器や備品である。つまり,企業が生産のためや仕事のために必要なすべての製品が生産財である。また,生産財は完成品の素材や機能,耐久性に購買が依存しており,B to B(企業対企業間取引)において取り扱われる製品である。

(2) 消費財 (Consumer Goods)

これは,最終消費者によって購買される製品・サービスである。具体的には,飲食料品,日用品,家電,宝飾品など消費者が直接購入し使用あるいは消費するものである。また,消費者の趣味や嗜好によって購買決定される製品・サービスでもある。生産財がB to Bであるのに対して,消費財は企業から消費者へのB to C(企業対消費者間取引)において取り扱われる製品である。

3. 消費者の購買慣習による分類

　消費者の購買慣習による分類方法については，コープランドによる最寄品，買回品，専門品という分類方法がある。なお，コトラー＆ケラーでは，その3つの分類以外に非探索品を加えているため，それについても触れておく。

(1) 最寄品 (Convenience Goods)

　消費者が，頻繁に，迅速に，最小の購買努力で購入する商品である。"Convenience Goods"と示されているように，コンビニエンス・ストアで購入されるような商品を示している。具体的には，タバコや飲料品，弁当のような消費者が定期的に購入する必需品（恒常商品ともいう），ガムや雑誌など購買計画を立てずに最小の購買努力で購入しようとする衝動品，傘や絆創膏など緊急に必要となる場合に購入される緊急品に分類される。これらの商品は，「便利品」であるため，消費者の利便性に配慮して多くの小売店舗で扱われている。

(2) 買回品 (Shopping Goods)

　消費者が，商品を選択し購入する段階において，適合性，品質，価格，スタイルなどにもとづき，複数の商品を比較・検討し，また複数の店舗をめぐるための時間や労力を惜しまない商品である。具体的には，家電製品，家具，服飾品などが該当する。"Shopping Goods"と示されているように，買回ることを楽しみながら購買する商品を指している。具体的には，品質は変わらないが比較検討するに値する価格差がある「同質的買回品」，品質やサービスに特徴があり，価格よりもそちらが購入の決め手になる「異質的買回品」に分類できる。特に，「異質的買回品」は，製品の質的差別化や販売員のサービスを含む人的販売が重要となる。

(3) 専門品 (Specialty Goods)

　消費者が，当該商品に特別な魅力やロイヤルティ（忠誠心）を感じたり，商品そのものが独自の特性を有していたり，ブランドを確立しているため，複数の買い手が特別な努力をいとわない商品である。具体的には，ラグジュアリーブランド（高級ブランド）のシャネル，ルイ・ヴィトン，ベルサーチなどの服飾品が該当する。この商品は，最寄品や買回品よりも購買頻度は低いが，ブランド・

ロイヤルティ（ブランド忠誠心）が高いため、それを維持するための消費者とのコミュニケーション活動が必要となる(Copeland 1923, pp.282 – 289)。

(4) 非探索品（Non-Search Goods）

消費者が、当該商品について知らなかったり、通常買おうと思わない商品である。具体的には、生命保険や百科事典が該当する。当該商品は、消費者にあまり詳しく知られていないため、広告や人的販売などのコミュニケーション活動が重要となる(Kotler & Keller, 恩蔵監・月谷訳 2008, pp.462 – 463)。

第 2 節　製品差別化戦略

供給過多の時代において、代替品が多数存在する製品カテゴリー（具体的には、ペットボトル入り茶系飲料やカップラーメンなど）では、他社の製品より自社の製品の特徴を明確にし、消費者の購買を刺激する必要がある。それが製品差別化戦略である。消費者の記憶に残るブランドは、各カテゴリーにおいて 3 ～ 5 ブランドをあげており、消費者の記憶に残らない製品は売れない。

製品差別化(Product Differentiation)とは、米谷雅之によると、自社の製品を他社の製品から識別させる活動であり、そのための製品差異の創出活動である。また、製品差別化に与えられる中心的課業は、些細な製品改良、装飾や設備の精巧さ、新奇で便利な包装、製品の雰囲気、消費者へのサービスや便益などに改良を施すことで自社の製品を差別化させ、製品の出自を明確にするとともにそれに、パテント性をもたせるためにトレードマークやブランドを付与し、消費者の選好をより強固なものにするとしている(米谷 2001, pp.90 – 91)。

製品差別化は、同業他社に向けて製品の特徴すなわち優位性を明らかにし、当該製品の市場シェアを高めていくための競争戦略である。すなわち製品差別化戦略は、品質、ブランド、パッケージ、デザイン、プレミアムなどによって付加価値創造を行う活動である。

そこで、供給過多による代替品の氾濫で差別化が難しくなってきている昨今において、競争戦略上必要不可欠な製品差別化による製品戦略のうちパッケー

ジングによる付加価値創造について考えてみたい。

第3節　製品戦略のケース —パッケージングによる付加価値創造—

1. パッケージとパッケージング

　パッケージとは，アメリカマーケティング協会によると，「製品を保護し，プロモートし，輸送し，識別するために用いられる容器のこと（Bennett 1995, p.211）」と規定している。また，パッケージには，個装としての1次パッケージ，厚紙の箱などに入れて販売される2次パッケージ，輸送用としての3次パッケージの区分があり，1・2次パッケージ機能を利用して如何に当該ブランドをプロモーションできるかが重要となる。

　パッケージングとは，徳山美津恵によると，「製品の容器あるいは包装をデザインし，制作する活動（徳山 2004, p.62）」とされている。また，パッケージには，ケラーによると，次の5つの役割がある(Keller，恩蔵・亀井訳 2000, p.204)。

①ブランドの識別
②記述的および説得的情報の伝達
③製品輸送および保護の支援
④家庭内保管の容易化
⑤製品消費の簡便化

　特に，②記述的および説得的情報の伝達すなわち「ブランド情報の構築と伝達」機能が付加価値創造において重要となる。つまり，パッケージによりブランドがもつ情報を付加することにより"価値付け"が行われる。

　また，③製品輸送および保護の支援，④家庭内保管の容易化，⑤製品消費の簡便化などの役割は，これまでブランドとの結び付きが希薄であった。しかし，ペットボトルの形状や大きさ，お菓子の容量の多様化によりパッケージとブランドとの結び付きが強くなっている。つまり，パッケージの機能性や取扱性の向上が，ブランド認知やブランド・ロイヤルティとの結び付きを向上させることにつながっている。

また，ブランド価値を高めるパッケージングに関して，恩蔵直人では，パッケージが優れていればそれだけで消費者に記憶されたり，ブランド固有の意味が伝達され，ブランド・エクイティ（ブランド資産）の強化に貢献できるとしている（恩蔵 2004, pp.78 - 80）。このことから，企業は，ブランドに付与されているなんらかの情報や意味（ブランド価値）を消費者にパッケージを通じて感じ取らせている。また，消費者は，パッケージそのもの，色，形，成分表示，ロゴ，マークなどからブランドについての情報を取得し，そこに何らかの意味を自身で解釈しブランド価値を感じ取っている。そこで，企業が消費者に感じ取ってもらいたいブランド価値と消費者がブランドから得られる情報をもとに意味を解釈して感じるブランド価値をできるだけ一致させていくコミュニケーション活動が必要である。つまり，このことが「強いブランド」創りにおいては重要となる。

2. パッケージングによる付加価値創造―米のケース

「米と言えば新潟」と言われるほど，新潟県は，米処として知られており，全国有数の穀倉地帯である。「魚沼産コシヒカリ」は，1キロあたり1,000円近い価格で販売されており，文字通り「ブランド米」として定着している。

しかし，米は，天候に左右されやすく，品質や味も一定ではなく，農家は，このような不確実性に常に悩まされる。

また，米の消費量（1人1年あたりの供給量）は，農林水産省「食料需給表」によると，1962年（118.3kg）のピーク時と比較して，2006年（61.0kg）は，その約半分にまで落ち込んでいる。そのため，より一層の需要創造が求められている。そこで，米を加工したり，米粉を利用した商品開発が進展してきており，米の需要の一層の掘り起こしが図られている。また，米の「パッケージ」を工夫することによって付加価値を付けようという試みがある。そこでケースを通じて，パッケージングによる"価値付け"を考察してみる。

(1) ブランド米のキャラクター化・・・加茂有機米（コシヒカリ）

米のパッケージによる"価値付け"のなかで最も注目されているものが，「キャ

ラクター米」の開発・販売である。その1つに，新潟県加茂市の「加茂有機米」のキャラクター化がある。これは，「加茂有機米」(ブランド米であるコシヒカリ)に大河ドラマで一躍脚光を浴びた「直江兼継」のアニメキャラクターのパッケージをデザインして開発・販売したものである。この「キャラクター米」は，インターネットでの直販やアニメ専門店での販売といった形で販路を拡大することに成功するとともに，戦国武将ブーム，大河ドラマの影響で女性の購入が増加することで，普通のこしひかりより1日の出荷量は10倍になったことが報じられており[1]，パッケージによる"価値付け"に一定の効果が認められている。

(2) ブランド米のキャラクター化・・・萌え米(あきたこまち)

「キャラクター米」の開発・販売で成功している2つ目の事例は，秋田県JA羽後が企画した「萌え米」の開発・販売である。これは，ブランド米として定着している「あきたこまち」に美少女アニメキャラクターのパッケージをデザインして開発・販売している。このパッケージで販売した結果，同じ「あきたこまち」よりも売り上げが3倍増になったことが報じられており[2]，これも，パッケージによる"価値付け"に一定の効果が認められる。

(3) 有名デザイナー作による米のパッケージのデザイン化・・・ゆめぴりか(北海道米)

米のパッケージによる"価値付け"として，有名デザイナーがデザインしたパッケージの利用がある。「北海道米」の中でも高級米のイメージ作りとして，ニューヨーク近代美術館に作品が永久保存されている五十嵐威揚(いがらしたけのぶ)氏によってデザインされたパッケージを利用した「ゆめぴりか」の開発・販売である。高級感あるパッケージを利用することでワンランク上のブランドの確立を目指してしており，注目されている[3]。

(4) ノギャル作による米のパッケージのデザイン化・・・シブヤ米(大潟村米)

農業の後継者不足が深刻な中，ノギャル(農業に携わる若い女性)が注目されて

---

1) (株)テレビ新潟放送網(TeNY)制作『夕方ワイド新潟一番』(生放送番組) 2009年10月29日放送。
2) 同上。
3) 同上。

いる。彼女たちは，秋田県大潟村で農業に従事し，そこで収穫された米（大潟村米）を「シブヤ米」として販売した。

これは，若者が食や農業に関心をもつきっかけを創るために始まったプロジェクトである。若者が集う街「渋谷」を意味する「シブヤ米」と名づけられ，渋谷を象徴する忠犬ハチ公がパッケージの前面に描かれている。つまり，お米だけでなくパッケージによって"価値付け"を図ろうとしている[4]。

3. 小 括

上記4つの事例を通じて，米のパッケージは，単なる「米袋」ではなく，消費者に「パッケージ」に注目させ，購買を促す動機づけを行える活動を効果的に行うためのツールになり得る。つまり，パッケージにおける $+\alpha$ （プラスアルファ）の"価値付け"が可能となる。

また，パッケージは，企業がマーケティング活動を行える"最後の5秒"といわれるほど，パッケージは，ブランド認知と消費者の購買行動を促進させるための重要な役割を果たしている。

そこで，米のブランド化は，中身（ブランド米）と外見（パッケージ）の双方によってブランド価値を向上させるような一定のシナジー（相乗効果）が期待できる。そのため，米の生産者は，今後より一層パッケージに注目し，ブランド米にさらなる付加価値創りを行っていくことが求められよう。

第4節　まとめと課題

現在，製品（サービスを含む）そのものを売ろうとしても売れない。それは，マーケティング，つまり売れる仕組みや仕掛けづくりができていないからである。マーケティングにおける製品戦略の1つとして，ブランド力向上やパッケージングなどによる $+\alpha$ の付加価値創造が重要である。パッケージングにおいては，他のブランド要素（ブランド・ネーム，ロゴ，マーク，スローガン，キャラクター，

---
4) 同上。

ジングルなど）との関連の中で位置付ける必要がある。また，パッケージは，企業側の情報発信として，またブランド価値向上のツールとして十分機能しており，製品戦略としての"価値付け"において，パッケージングが果たす役割は，今後ますます重要性を増すであろう。

(参考文献)

D. A. Aaker (1996), *Building Strong Brand*, The Free Press, A Division of Simon&Schuster, Inc.（陶山計介・小林哲・梅本春夫・石垣智徳訳 (1997)『ブランド優位の戦略−顧客を創造するBIの開発と実践−』ダイヤモンド社）.

K. L. Keller (1998), *Strategic Brand Management:Building, Measuring, and Managing Brand Equity*, Prentice-Hall, Pearson Education, Inc.（恩蔵直人・亀井昭宏訳(2000)『戦略的ブランド・マネジメント』東急エージェンシー）.

M. T. Copeland (1923), "Relation of Consumers' Buying Habits to Marketing Methods", *Harvard Business Review*, Vol.1 April.

P. D. Bennett(1995), *Dictionary of Marketing Terms*, 2nd ed., TC Business Books.

P. Kotler & K. L. Keller (2006), *Marketing Management*, 12thed., Prentice-Hall, Pearson Education, Inc.（恩蔵直人監修・月谷真紀訳 (2008)『コトラー＆ケラーのマーケティング・マネジメント 第12版』ピアゾン・エデュケーション）.

伊部泰弘(2011)「ブランディングにおける"価値付け"に関する一考察−パッケージングによる事例を中心に−」『企業経営研究』第14号.

恩蔵直人・亀井昭宏編(2002)『ブランド要素の戦略論理』早稲田大学出版部.

恩蔵直人(2004)「パッケージにおける6つの機能」『販促会議』2月号.

米谷雅之(2001)『現代製品戦略論』千倉書房.

徳山美津恵(2004)「ブランド要素としてのパッケージングに関する一考察−ブランド価値を創りだすパッケージとその戦略−」『オイコノミカ』第40巻 第3・4号.

和田充夫(2004)『ブランド価値共創』同文館出版.

伊部泰弘

第3章　価格戦略
―新しい高価格戦略―

第1節　デフレ経済下の消費動向

1. 景気低迷による販売不振

　日本経済が停滞する状況が続いており，各方面で販売不振が顕著である。2011年現在，新車販売台数は38年ぶりに300万台を割り，百貨店売上高は24年ぶりに6兆円台に落ち込み，スーパーマーケット売上高は14年連続の前年割れとなっている。

　2008年9月のリーマン・ショックに端を発する景気低迷は消費を冷え込ませ，デフレーション（以下デフレ）が長らく続く結果となっている。OECDによれば，デフレは「一般物価水準の継続的下落」と定義されている[1]。物価が低ければ企業は自社製品の販売価格を下げざるを得ず，売上高が減少する。このことは同時に利益も減少することを意味しており，企業は賃金引き下げや場合によっては解雇等で利益の確保を図ろうと試みる。企業で雇用されている従業員は同時に，社会における消費者でもある。購買力の落ちた消費者は安価なものを求めるため，企業は更に販売価格を引き下げることになる。このようにしてデフレ経済下では，食料品や衣料品，電化製品などの価格が継続的に下落する。

2. 低価格商品の台頭

　今日，「モノやサービスの販売不振」→「企業の収益減少」→「生産縮小と人員削減」→「購買力の低下」が連鎖するデフレスパイラルの局面にある。さまざま

---
[1] OECDの統計用語解説, http://stats.oecd.org/glossary/detail.asp?ID=3019。

な製品やサービスの値段が下落しており，消費者には日々の生活必需品にも安価なものを求める傾向が強まっている。2008年秋からの急激な株安と円高の影響で企業の業績は悪化しつつあり，生産調整や人員削減に不安を感じる消費者の購買意欲は大きく減退している。そのことに呼応するように商品の低価格化の傾向も強まっている。例えば首都圏のマンション価格は値下がりが著しい。マンション販売業者は在庫処分に懸命であり，1,000万円以上の高額割引物件も珍しくない。また，外食産業も値引きによる顧客のつなぎ止めに必死である。ファミリーレストランのデニーズは「円高還元フェア」で一部のメニューを10%値下げした[2]。スーパー・マーケットでは単身者用の少量でも購入できるカット野菜や，バラ売りの手法に人気が集中している。消費者は必要最小限の購入に止めることで生活費を有効に活用し，自己防衛を行っている。

3. 消費の二面性

マーケティングは1929年の世界恐慌をきっかけに，「作ったものを売る」生産志向から「売れるものを作る」顧客志向に移行したとされている。果たして今日，日本の消費者はどのような変化を見せているのであろうか。その特徴は，生活費の節約のために，とにかく安い購買でこの不況を乗り切ろうとする点にあろう。一方で企業も，製品の値下げに加えてプライベート・ブランド商品の導入等で，顧客のつなぎ止めを図ろうとしている。

しかし，消費者が可能な限り出費を抑えて安価な商品を求める傾向がある半面，自分が気に入ったものやこだわりがあるものには出費を惜しまない，消費の二面性の顕在化が加速している。この矛盾ともみえる行動は1980年代以降の欧米や日本などの先進国共通の現象であり，製品やサービスが溢れる成熟社会の特徴でもある。

---

2) 株式会社セブン＆アイ・フードシステムズのニュースリリース 2008年11月25日, http://www.7andi-fs.co.jp/7fs/pdf/081125_dennys.pdf。

第 3 章　価格戦略 ―新しい高価格戦略―　63

第 2 節　ナショナル・ブランドの価格競争

　安価な商品を求める消費者に対して，小売店では「1円セール」，「激安セール」，「買い得品」と銘打って，低価格商品を全面的に押し出したアピールがなされている。このような価格競争は小売業界の価格体系に大きな影響を与えるばかりでなく，ナショナル・ブランド・メーカーにも影響を及ぼしている。なぜ，ナショナル・ブランド製品は低価格競争に巻き込まれるのであろうか。その原因としては以下の3つが考えられる。

1.　販売店間の競争

　顧客を獲得するための販売店間の熾烈な競争は，ナショナル・ブランド商品の低価格化を加速させる。家電製品の場合，30年前であれば各大手メーカーは系列販売店として街の電気店を組織化して価格を統制できた。特にメーカー内の同一製品での価格競争は起こらず，近隣立地の優位性からくる顔なじみ，豊富な知識を武器にした売り込みが可能であった。しかし，今日の消費者が家

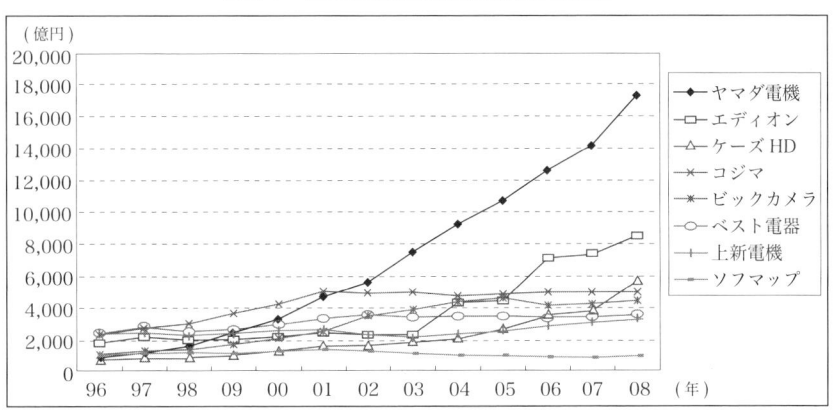

図表1　主要大型家電量販店の売上高推移

出所：「産業界の動き～巨大化する家電量販店」住友信託銀行調査月報2009年2月号，http://www.sumitomotrust.co.jp/RES/research/PDF2/694_2.pdf。

電製品を求める場合，家電量販店から購入する場合が圧倒的に増えた。ヤマダ電機，ヨドバシカメラ，ビックカメラ，エディオン，ケーズデンキなどの小売競争は日々激化する一方であり，売上高も成長している（図表１参照）。ここにおいて価格に対する主導権はメーカーから大型家電量販店に転じている。

2. プライベート・ブランド商品の増加

　プライベート・ブランド市場が生活必需品を中心に価格を最優先する客に後押しされて拡大している。イオンはプライベート・ブランド商品「トップバリュ」を多く取り扱っており，その売上高と構成比は顕著に推移している(図表２参照)。
　プライベート・ブランド商品はナショナル・ブランドが主流であった食用油やインスタント味噌汁等の分野にまで拡大している。今となってはそのような品目でプライベート・ブランドの取り扱いがない店舗を探すことが不可能に近いといえるほど，プライベート・ブランドはナショナル・ブランドの地位を侵食している。

3. 価格比較ツールとしてのインターネット

　進化し続けるインターネット技術は，消費者にとって格安情報を入手する便利なツールとして活用されている。

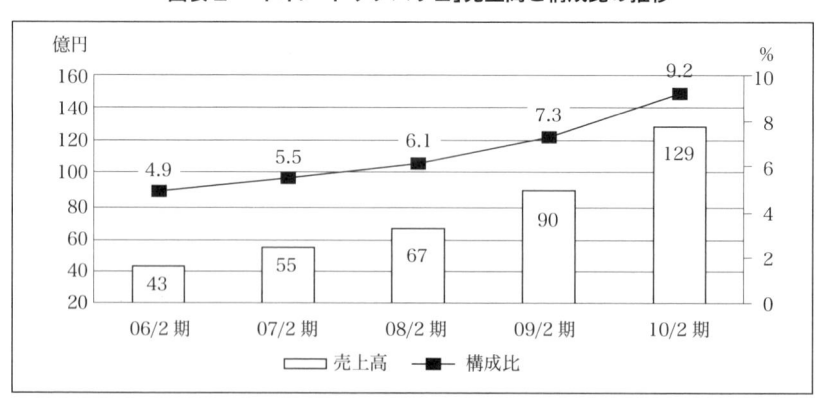

図表２　イオン「トップバリュ」売上高と構成比の推移

期	売上高（億円）	構成比（%）
06/2期	43	4.9
07/2期	55	5.5
08/2期	67	6.1
09/2期	90	7.3
10/2期	129	9.2

出所：マックスバリュ東海株式会社の2010年2月期決算短信・参考資料，http://www.aeon.info/ir/ir/kessan/2010/pdf/201002_4th.pdf より作成。

例えば「価格.com[3]」というウェブサイトは，パソコンや家電，ブロードバンドや携帯電話などの通信費，インテリア，化粧品など多岐にわたる製品やサービスの価格・製品・クチコミの各情報を提供している。当該サイトでは価格の比較がリアルタムで可能であり，最安値で販売している小売店のホームページまでリンクされているため，価格に敏感な利用者からの大きな支持を得ている。

また，リクルート社が運営する「チラシ部[4]」は，チラシやクーポンなどのキャンペーン情報を無料で閲覧できるチラシ専門の情報サイトである。「いつでも簡単にチラシが見たい」，「近所のチラシやクーポンだけを見たい」といった消費者のニーズに応えるサービスが展開されている。最寄り店舗の特売品情報やクーポンが毎週更新されるため，消費者は容易に買い得情報に辿り着くことができる。

このようにインターネットは，消費者が物理的な移動を伴うことなく，複数の小売店における商品価格の比較検討を容易にする。

第3節 メーカーの対応

既述の市場環境のもと，ナショナル・ブランド製品はスーパー・マーケットやドラッグ・ストアなどで，本来の価格よりも安く販売されている。大量生産された製品は消費者が各小売店での価格を比較してから購入するため，低価格競争に陥りやすい。新製品でさえも次々と低価格競争に巻き込まれている。

価格競争が激化し続けている中で，ナショナル・ブランドが選択し得る戦略としては，高価格をそのまま維持したり，同種商品を差別化して販売促進を行ったり，製造原価を削減して利益を維持したり，新製品の開発に力を入れたりするなどが挙げられる。以下では，これらの戦略のうち2つの事例を紹介する。

1. 製造原価の削減

メーカーは，生産設備などを海外に移転して事業コストを削減することがで

---

3) 株式会社カカクコム，http://kakaku.com/（2011年11月11日アクセス）。
4) 株式会社リクルート，http://chirashibu.jp（2011年11月11日アクセス）。

きる。すなわち，製造プロセスの効率を高めて販売利益を伸ばす方法である。市場環境が厳しい現在，企業は競争優位を獲得するために事業コストを削減する傾向にある。内閣府傘下の経済社会総合研究所は，日本企業の海外における設備投資の比率は増加傾向にあり，特に製造業は海外における生産比率を高め

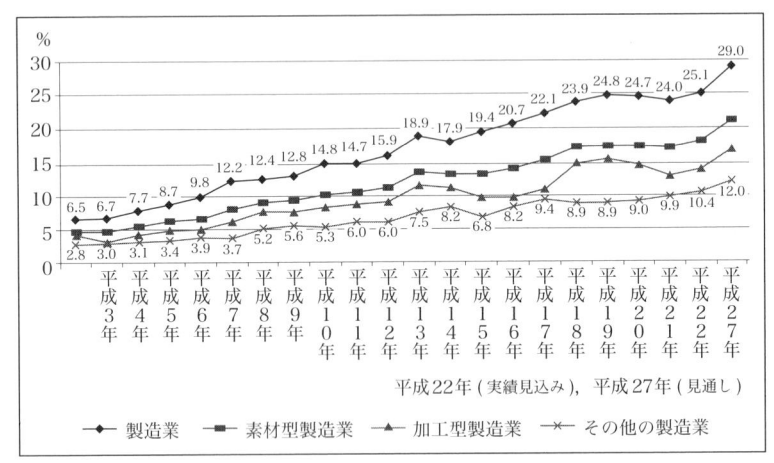

図表3　海外現地生産比率の推移

平成22年（実績見込み），平成27年（見通し）

◆ 製造業　　■ 素材型製造業　　▲ 加工型製造業　　✕ その他の製造業

出所：「平成22年度企業行動に関するアンケート調査報告書」内閣府経済社会
　　総合研究所，2011年，http://www.esri.cao.go.jp/jp/stat/ank/h22ank/h22ank_houkoku.pdf より作成。

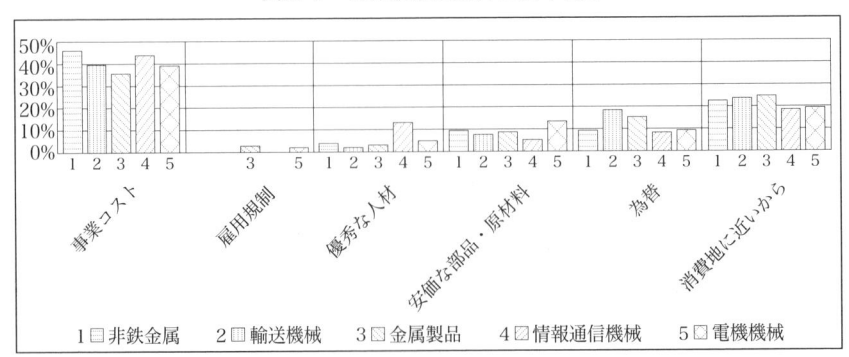

図表4　生産拠点を海外に置く理由

事業コスト　雇用規制　優秀な人材　安価な部品・原材料　為替　消費地に近いから

1 □非鉄金属　　2 □輸送機械　　3 □金属製品　　4 □情報通信機械　　5 □電機機械

出所：「平成21年度企業行動に関するアンケート調査報告書」内閣府経済社会総合研究所，
　　2012年，http://www.esri.cao.go.jp/jp/stat/ank/h21ank/h21ank_houkoku2.pdf
　　より作成。

続けていると発表している（図表3参照）。また，企業が海外移転する最大の理由が事業コストの圧縮であることも裏付けられている(図表4参照)。

2. 差別化による販売促進

　製品の普及率が高まって成熟期に入ると，当該製品に対する消費者の知識水準も相対的に高まり，好みも多様化する。さらに，メーカー間の競争もある一定の段階までは製品の普及とともに激しさを増す。こうして，普及率の上昇とともに消費者の多様化に対応して市場の細分化が進み，さまざまな特徴をもった製品が現れる（日本マーケティング協会編 2001, p.53）。従って，デフレ時代の

図表5　商品細分化の例

1.商品のタイプを細分化(ノーベル製菓株式会社)	
男梅	男梅(袋タイプ)
	男梅のど飴(スティックタイプ)
	男梅タブレット(タブレットタイプ)
	男梅ほし梅(小袋タイプ)
2.味の異なる商品(日清食品)	
カップめん	日清のどん兵衛杵つきもちうどん「ノーマル味・[東]・[西]」3種類
	日清のどん兵衛特盛天ぷらそば [東]・[西]2種類
	日清のどん兵衛特盛ちゃんぽんうどん
	日清のどん兵衛ちいさいズ4食パック[西]
	日清のどん兵衛きつねそば・日清のどん兵衛とん汁うどん
	日清のどん兵衛カレー南蛮そば・日清のどん兵衛鴨だしうどん
	日清のどん兵衛鴨だしそば・日清のどん兵衛鴨芋煮うどん[東北]
	日清のどん兵衛味噌ちゃんこうどん
	日清のどん兵衛きつねうどん液体つゆ仕上げ
	日清のどん兵衛豚ねぎそば液体つゆ仕上げ
	日清のどん兵衛かき揚げ天ぷらうどん「[東]・[西]」2種類
	北のどん兵衛きつねうどん[北海道]・北のどん兵衛親子そば[北海道]
	北のどん兵衛カレーうどん「[北海道]・[東]・[西]」3種類
	日清のどん兵衛天ぷらそば液体つゆ仕上げ
	北のどん兵衛天ぷらそば[北海道]・日清のどん兵衛肉うどん
	日清のどん兵衛ごぼう天うどん[中国・四国・九州]
3.機能を細分化して種類を分けた製品(ソニー「ウォークマン」Sシリーズ)	
S760	「デジタルノイズキャンセリング機能」で高音質機能を強化。
S760K	スピーカーを付属。
S760BT	ワイヤレスのBluetoothヘッドホン付き。
S764/NI	商品の本体カラーを細分化し，デザインを強化。

出所：ノーベル製菓, http://www.nobel.co.jp/（2011年11月11日アクセス）。
　　　日清食品株式会社, http://www.nissinfoods.co.jp/（2011年11月11日アクセス）。
　　　ソニーマーケティング株式会社, http://store.sony.jp/（2011年11月11日アクセス）。
　　　上記データより作成。

激しい価格競争に対応するために、商品のタイプを細分化、味の異なる商品、機能を細分化した製品などへの戦略に移行している（図表5参照）。

第4節　高価格戦略

1.　家電量販店の高価格プライベート・ブランド商品

　家電量販店のエディオンは顧客の要望を反映し、既存のメーカー製品にエディオン独自の機能を付加したKuaL（クオル）をメーカーと共同で企画・開発し、グループ店舗で販売している。エアコンや洗濯機、掃除機、炊飯ジャーといった生活家電商品が中心である。

　掃除機の例を挙げると、市販モデル「日立2段ブーストサイクロン　CV – SU3000」をベースに仕様変更したプライベートブランド商品「日立 サイクロン式パワーブラシオリジナル2段ブーストサイクロン（型番:CV – S305E8 N）」を販売している。本来のオリジナル仕様（ワイドふとんブラシ付属、トリプルビーター、マナー運転など）に、おすすめの仕様（延長パイプとヘッドにカーボン繊維強化プラスチックを採用、独自ヘッド、カーボンライト、かるワザグリップで掃除機能を拡張、約43万本のふき専用の毛を採用した「かるふきブラシ」でフローリングに付着した菌までもふき取る、「ecoこれっきり」運転など）を搭載し、既存の製品価格より約25%程度、高い価格で販売している。

　このプライベート・ブランド商品KuaLは対象にしている既存のナショナル・ブランドメーカー商品と同時に発売され、メーカーからも自社製品の価格戦略を変更することなく高価格で販売できると支持されており、販売店からも消費者の選択肢の拡大に繋がると好評である[5]。

2.　高級回転寿司

　低価格回転寿司は売上高が成長し続けるとともに、その店舗数も増加傾向に

---

5)『オリジナル商品KuaL』株式会社エディオン、http://www.edion.com/CSfDispListPage_002/004003(2011年11月11日アクセス)。

ある。例えば，あきんどスシローの売上高は2006年の510億円から2010年には820億円まで増え，店舗数も2006年の191店舗から2010年には288店舗にまで増加している[6]。このような低価格回転寿司が支持されている一方で，高級食材を使った回転寿司の数も増加している。

元気寿司は，100円台の低価格回転寿司店の「元気寿司」，「すしおんど」，「魚べい」と高級回転寿司店である「千両」，「廻鮮日本海」を同時に展開し，ファミリー層から本物を求める消費者層までをターゲットとしている[7]。フーズネットも「にぎり長次郎」という高級回転寿司店を直営47店舗，加盟31店舗展開している[8]。

平均客単価は，スシローが1,000円未満で，にぎり長次郎が3,000円未満であり，約3倍の開きがある[9]。このような回転寿司業界の動きは，消費の二面性の証であると思われる。

3. 製菓

単価が安く買い求めやすい嗜好品である製菓の業界は，比較的景気の影響を受けにくいとされてきた。しかし，消費者が節約志向に動く中，小売業チェーンの手掛けるプライベート・ブランドが支持を集め，ナショナル・ブランドが振るわない傾向にある。

その様な環境の中で製菓メーカー大手の江崎グリコは，小売店舗を直営することで自社のナショナル・ブランドの販売経路を拡大しながら，高価格政策を実践している。同社は現在，全国16カ所（観光スポットやサービス・エリアなど）で「ぐりこ・や」という店舗を展開している。そこでは，当該店のみでしか入手できない限定商品やオリジナル・グッズなどを販売している（一部商品はインターネット通販でも入手可能）。

---

6) 株式会社あきんどスシロー，http://www.akindo-sushiro.co.jp(2011年11月11日アクセス)。
7) 元気寿司株式会社，http://www.genkisushi.co.jp(2011年11月11日アクセス)。
8) 株式会社フーズネット，http://www.foodsnet.co.jp。
9) 価格.COM運営ウェブサイト「食べログ」より(2011年11月20日基準)。

取扱われる商品には，プリッツ，ビスコ，ワンタッチカレーの昔懐かしいパッケージを再現した「復刻版」，ポッキー，プリッツ，コロンを巨大化させた「ジャイアントシリーズ」，菓子詰合せや缶詰，ジャムなどの「おみやげ菓子」，「文具」や「アクセサリー」，ハローキティキャラクタと提携した「ハローキティコラボ商品」があり，一般商品より高めの価格[10]で販売されている[11]。

4. コンビニエンス・ストア

コンビニエンス・ストアにおいては，景気低迷によって100円おにぎりやプライベート・ブランド商品などの低価格商品の取扱高が増加する一方で，本来の強みである購買利便性[12]を武器にして高価格商品の販売にも力が注がれている。

ローソン[13]では洋菓子専門店並みの材料にこだわった高級感のあるスイーツを，「ウチカフェ：プレミアムシリーズ」として展開している。またコンビニエンス・ストアとしては異例の税込10,500円の高級クリスマスケーキも全国500個限定で販売した。こだわり抜いた贅沢な食材が使用されており，全部で36粒の苺をケーキ全体に用いてフランス産最高級シャンパンを煮詰めて造った特製シロップが使われていることが特徴であった。食べる直前に別添の金箔を購入者自身にトッピングさせる凝りようであった。また2011年9月下旬には，高級おせち「プレミアムおせち三段重」(税込30,000円)を500個限定で予

---

10) 例えば2段熟カレー 中辛 大箱（160g）が参考小売価格231円であるのに対して，ぐりこ・やのワンタッチカレー（146g）は少容量にもかかわらず,240円で販売されている。他のぐりこ・や限定商品も一般の土産と同率の価格設定がされているため，グリコが販売するものでは高価格商品に当たる。

11) 江崎グリコ株式会社，http://www.ezaki-glico.net/glicoya/(2011年11月11日アクセス)。

12) 消費者にとっての購買しやすさ。本来，誕生日ケーキやおせち料理等の特別な機会の為の商品を購入するには，百貨店や専門店に直接出向く必要がある。しかし，住宅地区での立地が4割近くを占める利便性の高いコンビニエンス・ストアを利用することで，その様な手間を省くことが可能である。

13) 株式会社ローソン，http://lawson.jp/m/recommend/static/xmas/partyfoods_02.html(2011年11月11日アクセス)。

約販売したが，わずか 10 日で完売した。その他，2011 年にはクリスマス向けに高級シャンパンのドンペリニヨンを税込 21,000 円で数量限定 300 本販売した。

第5節　おわりに

　長期化するデフレによって，プライベート・ブランド商品や低価格競争が進展する一方で，高価格帯の商品の販売も好調であり消費の二面性が顕著である。景気の後退局面で現れるこの現象は，消費者が単純に低価格の製品やサービスだけを望むのではなく，こだわりの品については高価格であっても出費を厭わないことを示している。従ってメーカーが優位性を確保するには低価格販売のみが選択肢ではなく，高価格帯の製品やサービスに対して購買意欲を示す消費者層のニーズに応えるような製品開発も有効である。価格競争以外にも，市場細分化や製品ポジショニングのような製品開発プロセスのマーケティング活動の重要性がますます高くなる。

(参考文献)
日本マーケティング協会編(2001)『マーケティング・ベーシックス』同文舘。

安 孝淑・今光俊介

第4章 価格戦略
― 新しい低価格戦略 ―

第1節 価格決定のメカニズム

　価格は財やサービスの価値を貨幣で表したものであり，希少性の尺度となる。すなわち価格は，われわれが貨幣と商品を交換する際，どれだけの量を入手できるかの指針となる交換価値である。一般的に価格は需要と供給に依存するとされ，財やサービスが少ない場合は価格が上昇し，消費が少なくなる。その逆に財やサービスが多い場合は価格が下落し，消費が喚起され多くなる。しかし，現実の世界では恣意的に価格が決定される場合もある。

1. 需要と供給
　消費者が商品を選択して実際に購買するか否かは，その商品に対する欲求，すなわち嗜好がどの程度強いかによって決定される。嗜好が強ければ消費者は強く刺激されるため需要も高まる。また，需要は購買力にも依存するとされ，ハイルブローナー & ガルブレイスは英国の高級乗用車ロールスロイスのように，可能ならば購入したいがその余裕がない財も多く存在し，その需要がゼロに近いことを指摘している。すなわち需要は嗜好に加えて十分な所得があるか否かにも依存する。購買意思に依存するのであれば，常に欲求が大きい貧しい人々が需要源の大半を構成することになる（Heilbroner & Galbraith, 中村訳 2001, p.141）。
　市場メカニズムの基礎となるものは，価格変化を通じて引き起こされる売り手と買い手の正反対の行動である。価格の上昇は売り手の財供給意思と能力の

増加によって調整されると同時に,買い手の財購入意思と能力の減少によっても調整される。需給の相互作用によって需要量と供給量が唯一一致する価格が存在し,均衡価格と呼ばれる。均衡価格以上では需要量が供給量を下回り,価格を均衡価格まで引き戻す下方圧力が生じる (Heilbroner & Galbraith, 中村訳 2001, p.145, p.147)。

2. 操作による価格決定

現実的な市場では需要と供給による価格決定以外にも政府や企業により意図的に規定される価格も存在し,市場支配力を有する企業が需給条件を自らに都合が良いように操作して,有利に価格戦略を展開する場合がある。例えば自動車や家電製品のような一部の工業製品は寡占企業によって意図的な価格が設定され,管理されているという。寡占企業は自らの供給を調整することによって価格操作を遂行できる。その価格戦略は自社にもっとも有利な水準で価格が設定され,一種の独占価格とも解釈できる。大がかりな資本設備を有し,常に巨額な配当や減価償却を求められる寡占企業では,長期間に渡って安定した利潤の確保が保証されるような価格戦略が展開される(岩永 1995, pp.124 – 125)。

第2節 価格の策定

企業が収益を上げるためには,自社の製品やサービスが顧客に受け入れられる適切な価格で提供される必要がある。価格の策定はマーケティング要素の中で利益を直接生み出すものであり,それゆえに価格戦略は重要である。また価格そのものが製品コンセプト,場合によっては企業全体のコンセプトを象徴する場合があり,その典型例として 100 円均一であらゆる商品を販売する 100均ショップがある。そこでは低価格とワン・コイン(実際には消費税 5% が加算されるので 105 円)の明瞭さを店舗コンセプトや企業コンセプトとしてマーケティング活動が行われている(平野 2011, p.160)。

コトラーは,価格は次にあげる原価,需要,競争の3つの観点から決定さ

れるべきであるものの，現実にはそのいずれかに偏りすぎている場合が多いことを指摘している(Kotler, 村田監修 1983, pp.333 – 337)。

1. 原価志向価格設定

固定費を，推定される事業規模に応じて恣意的に配分して価格を決定する企業が典型例である。原価に一定の上乗せを行って価格設定を行うマークアップ価格設定と，原価を事前に把握することが困難な業界(建設業や武器開発など)では，要した費用に利益を上乗せして最終的な価格を決定するコスト・プラス価格設定がある。また，想定された事業規模をベースにして一定の収益率を確保するターゲット価格設定も選択され得る方式である。

2. 需要志向価格設定

消費者の知覚や需要強度を基に行う方式がある。ある製品の価値を顧客がどのように捉えるかを基準に価格を設定するのが知覚価値価格設定である。具体的には，ターゲット市場に適した価格と品質の製品を開発する方法である。その価格を基準に販売量の見通しをたて必要な投資や原価を計算して収益性を予測する。満足する結果が得られれば当該価格を採択し，そうでない場合は修正または放棄する。

もうひとつの需要志向方式の形態で，価格差別化とも呼ばれるものが需要差別価格設定である。市場を需要の度合いが異なるいくつかのセグメントに層別で分類できる場合に，同一製品であっても異なる価格を設定する方式である。異なる仕上げ(=製品形態)，映画館の座席(=場所)のように対象顧客層に応じて価格を変えていく。

3. 競争志向価格設定

ライバル企業が設定する価格に追随する方式である。業界の平均価格とほぼ同じ場合は実勢価格と呼ばれる。製品が同質である場合，少しでも安ければ顧客が殺到するので他社もすぐに値下げを行ってくる。少しでも高い場合は客に

は見向きもされず，他社の追随もない。製品差別化が可能である場合は，各社は独自価格を設定できる。

請負契約のように入札によって価格を決定する方法が入札価格である。最安値を提示した企業が落札するので，原価や需要よりもライバル企業がいくらに価格を設定するかを推定する。

第3節　低価格戦略

1. 低コスト体質の重要性

ポーターは，業界の構造の成り立ちこそ競争を激化させる最大の要因であるとし，(1)新規参入の脅威，(2)既存競争業者間の敵対関係の強さ，(3)代替製品からの圧力，(4)買い手の交渉力，(5)売り手の交渉力，の5つの力が業界の競争状態を規定し，収益率を決定すると示した (Porter, 土岐・中辻・服部訳 1991, p.17)。次にポーターは企業が選択し得る競争戦略を(1)コスト・リーダーシップ戦略，(2)差別化戦略，(3)集中戦略の3つに定めた(Porter, 土岐・中辻・服部訳 1991, pp.55-56)。

製品の機能や質にまったく差異がない場合，消費者は価格が安い方を選択するはずである。コスト・リーダーシップ戦略はより低いコストで生産を行い，競合他社よりも安価な製品の製造を試みる戦略であり，低価格戦略のことに他ならない。この戦略で成功するためには，事前の大規模な設備投資やインパクトのある価格政策等の大掛かりな初期投資が必要となる。しかし，ひとたび低コスト体質が定着すれば，業界内で強力なライバルが現れても平均以上の収益確保が可能であり，それらの利益を蓄積することでコストのリーダーシップを維持し続けるための再投資が可能となる。

2. 近年の低価格戦略

古くはフォード自動車が販売したT型フォードや，インガソル（現タイメックス）が火付け役となった dollar watch と呼ばれる廉価時計(香山 1990, p.113)

等が低価格戦略で成功し，人気を博した製品であろう。現在では低価格戦略で運営される格安航空会社（LCC：Low Cost Carrier）の台頭が注目を集めている。LCC はサービスを簡素化することで格安料金を実現する，短距離路線のみに特化した航空会社である。一方，従来からある航空会社はフルサービス航空会社（FSA：Full Service Airline）と呼ばれ，長距離路線も就航しさまざまなサービスが提供されており大変便利であるが割高である。

　LCC は古くて新しい業態であり，その起源は米国のサウスウェスト航空にある。1967 年に設立された同社は，機材の統一，機内食の削減，搭乗順の座席，チケットの直販を軸にコストを圧縮し，国内短距離路線でのピストン輸送を実践することで格安の航空料金を実現している。これらのすべてが現在の LCC モデルの基礎となっており，そのビジネスモデルは次の５つのポイントに整理できよう：(1)単一機材，(2)中短距離に特化したピストン運行，(3)機内サービスの省略，(4)ネット直販，(5)地方空港の利用。

3. 競争が激化する国内航空業界

　わが国では 2012 年 3 月から就航予定の，関西国際空港を拠点とする全日本空輸が出資する国内初の本格的 LCC であるピーチ・アビエーションに注目が集まっている。当座は福岡空港と新千歳空港への国内 2 路線のみであるが 2012 年 5 月からは仁川国際空港（韓国ソウル）へ就航予定である。2011 年末には国内初の LCC としてのブランド・イメージ形成と広告効果を目論み，福岡空港，新千歳空港の各路線の航空運賃がそれぞれ片道 250 円[1]という破格の就航記念キャンペーンを発表した[2]。（実際には LCC という特殊な業態ゆえに，その利用に際してさまざまな手数料[3]が発生するために額面どおりの 250 円では搭乗でき

---

1) 2012 年 3 月 1 日から 3 月 24 日までの搭乗分で 5,000 席限定である。
2) ピーチ・アビエーション株式会社プレスリリース 2011 年 12 月 15 日，http://www.flypeach.com/Portals/1/PressReleases/2011/111215-Press-Release-J2.pdf。
3) ピーチ・アビエーションの場合，手荷物料金，予約手数料，支払手数料，変更手数料，取消手数料，座席指定手数料が必要に応じて課金される。

ず，最低でも支払手数料の210円が加算されて片道合計460円となる。）同社の正規運賃商品「ハッピーピーチ」での関西国際空港と福岡空港間の片道航空運賃は3,780円〜11,780円[4]の範囲で設定されている。全日本空輸便を同一区間で利用した場合は正規運賃で13,500円〜24,100円となり，最高値の場合でもピーチ・アビエーションの航空運賃が半額以下でありLCCの価格に分がある。

　ピーチ・アビエーション以外にも全日本空輸が出資するエアアジア・ジャパンが成田空港を拠点に2012年8月から就航を予定し[5]，日本航空が出資するジェットスター・ジャパンも2012年中に就航予定である[6]など国内でのLCCの誕生が顕著である。このようにLCCによって低価格化が進められる国内の航空業界では，LCC以外の航空会社も対応せざるを得ない状況である。スカイマークは成田空港発着の路線（那覇，福岡，神戸，新千歳，旭川）を破格の片道980円で期間限定で提供している[7]。

第4節　まとめ

　無駄なものを一切そぎ落とし，コストを極限まで圧縮することで顧客に訴求していく手法が低価格戦略である。その製品やサービスは通常のものと比較した場合，割安で提供されるので価格に敏感な消費者に人気が高い。一方で，通常の価格で提供されている従来の製品やサービスと比較した場合，「安くて粗悪」と捉えられる危険もはらんでいる。企業にとっては低価格を訴求しつつ同時に品質も維持されている点をアピールする必要があろう。

　LCCの場合，これまでわれわれが当然のように利用してきた手荷物の預け

---

4) 座席指定と受託手荷物料金を含まず。
5) 全日本空輸株式会社プレスリリース2011年7月21日，http://www.ana.co.jp/pr/11-0709/11-ana-asia0721.html。
6) ジェットスター・ジャパン株式会社プレスリリース2011年8月16日，http://www.jetstar.com/jp/ja/about-us/~/_media/Jetstar%20Japan/PDF/News/2011/0816_02。
7) スカイマーク株式会社プレスリリース2011年4月12日他，http://www.skymark.co.jp/ja/company/press/press110412.html。

入れ，機内食，毛布等のサービスに対して課金することで，旅客輸送サービスの中核となる人の移動に特化している。インターネット直販ひとつを例にとっても，利用者に予約作業を代行してもらうことに他ならず，企業側は本来的なサービスに経営資源を振り向けることが可能だ。

　新幹線のぞみ号の新大阪・博多間の片道正規運賃は14,080円だが[8]，ピーチ・アビエーションが適用する関西国際空港から福岡空港への片道正規運賃は最も高い場合でも11,780円であるのでLCC側に価格優位性が認められる。これまで長距離の移動に，もっぱら鉄道や長距離バスを利用してきた消費者にとっては，気軽に利用できる交通機関の選択肢が増えたことになる。価格に敏感な消費者が今後「空飛ぶバス，空飛ぶ電車」と呼ばれるLCCに移行することが予想される。LCCの台頭で他の交通機関も巻き込んだ競争が一層加速することが必至である。

(参考文献)
M. E. Porter (1980), *Competitive Strategy*, The Free Press.（土岐 坤・中辻萬治・服部照夫訳(1991)『競争の戦略』ダイヤモンド社）。
P. Kotler (1980), *Marketing Management, 4th ed.*, Prentice-Hall Inc.（村田昭治監修，小坂 恕・疋田 聰・三村優美子訳(1983)『マーケティング・マネジメント』プレジデント社）。
R. L. Heilbroner & J. K. Galbraith (1987), *The Economic Problem, 8th ed.*, Prentice-Hall Inc.（中村達也訳(2001)『現代経済学 上』ティビーエス・ブリタニカ）。
今光俊介(2011)「経営戦略」伊部泰弘・今光俊介編著『現代社会と経営』ニシダ出版。
岩永忠康(1995)『現代マーケティングの基礎理論』ナカニシヤ出版。
香山知子(1990)『ウオッチ・アド』グリーンアロー出版社。
平野英一(2011)「マーケティング・ミックス戦略」岩永忠康監修『現代流通の基礎』五絃舎。

　　　　　　　　　　　　　　　　　　　　　　　　　　　　今光俊介

---

8) JR西日本料金検索ページ，http://time.jr-odekake.net/cgi-bin/mydia.cgi。

第5章 経路戦略
―インターネット販売と人的販売―

　本章では経路戦略における個別的・具体的な活動であるインターネット販売と人的販売を説明する。これらは対局にある販売活動のように思われるかもしれない。インターネット販売はより低価格で商品を販売する手段であり，それに対して，人的販売は商品が高価格にはなるものの，消費者との接点を大切にする活動であると思われているのではないか。そのような側面はあるが，それらの活動がどのような背景・前提条件をもって，また，どのような効用をマーケティングの主体と消費者に与えるのかを体系的に理解してもらいたい。

　本章で述べる内容は巨大製造企業(以降はメーカーと表記)が対象になる。中小零細規模の製造企業でも興味ある活動はみられるが，対象を限定する。

第1節　インターネット販売

1. インターネット社会の進展

　1997年末，インターネット利用者は1,155万人，全人口に対するインターネット利用者の割合を示す人口普及率は9.2％に過ぎなかった。それが10年を待たずして，2005年末にはそれぞれ8,525万人，70.8％と急速に普及した。2010年末では9,462万人，78.2％までに達している（日本情報経済社会推進協会編2011，p.254）。

　この数値にみられるように，インターネットの普及は目覚ましい。同時に，これを支える関連産業の発展も見逃せない。情報サービス産業の事業所数は1976年，1,276であったが，1997年には約5倍の6,092まで，その後，2005年までは6,880と比較的横ばいである。しかし，1997年と比較して，

2009年には約4倍の23,574まで急速に増加した（日本情報経済社会推進協会編 2011, p.267）。

　産業の発展は売上高の増加と雇用を創出する。1981年，年間売上高は805,629（百万円），従業者数105,898人であったが，2009年には約27倍の21,495,260（百万円），約9倍の959,193人まで急速に増加した（日本情報経済社会推進協会編2011, p.268）。

　企業から消費者への電子商取引規模は1998年0.03（億円）しかなかった。それが順調に拡大をみせ，2005年34,560（億円）から2010年までのほぼ5年間で，77,880（億円）まで約2倍に増加した（日本情報経済社会推進協会編2011, p.271）。

　このようなデータを総合的にみると，2011年現在より，14年前の1997年にはインターネットの普及率が1割程度であったものが，8割までも高まったことはまさにインターネット社会の進展が読み取れる。しかし，この普及率は量的なものである。質的な指標の1つとして，事業所数の2005年から2009年の間にみられる急速な増加はインターネットに関する基幹的分野だけではなく，周辺分野，または，基幹分野の分化によって，生じたものと考えられる。従業者数の推移に関して，対象となるデータは2001年以降，短期間であるにもかかわらず，「出向・派遣者（受入）」，「情報サービス以外の売り上げ」，「インターネット付随サービス業」などが加えられている（日本情報経済社会推進協会編2011, p.268）。それらの経済活動の重要性の急速な高まりを受けたものであり，分業による細分化と各個別領域の専門化が進む様子は質的な高まりを示す。また，インターネットでの消費者への販売額の増加は本章で最も注目される。

2. 経路戦略の確認とインターネット販売の位置付け

　岩永忠康によれば，具体的な経路戦略は商品の種類によって，または，同種商品であっても，異なることがある。それだけでなく，市場環境が変化すれば，従来の経路戦略が変更されることもある。流通経路を大別すると，大規模メーカーが商業者を使用しない直接販売と商業者を介する間接販売がある。直接販

売は通信販売,訪問販売のような直接的なものだけではなく,表面的には独立しているかのようにみえる,メーカーの内部販売組織である販売会社や営業所による販売などもある。

　販売チャネルのタイプとして,開放的チャネル,選択的チャネル,専属的チャネルをみていこう。開放的チャネルは流通業者を限定することなく,少しでも商品を多く販売しようとする一般的な流通を指す。開放的チャネルを使う商品は食料品や日用雑貨など,最寄品が多く,メーカーの支配力は弱い。選択的チャネルは何らかの基準によって,協力的な流通業者を選択し,メーカーが商品に関して流通業者に何らかの影響を及ぼす。それだけメーカーの支配力は強くなる。専属的チャネルは限定された地域に特定の流通業者を担当させ,自社商品の専売権を与える。これは専属代理店制度や排他的販売制度ともいわれ,メーカーと流通業者は限定的な商品のみを流通させることから協力関係は密接となる(岩永 1995, pp.144 – 152)。

　インターネット販売は通信販売の発展的な形態として,明らかに直接販売であるが,大量生産大量販売を前提とするメーカーにとって,間接的経路戦略の方が有効である。もし,インターネット販売だけに頼る場合,商品の販売に係わるさまざまな業務を行わなくてはならず,購入が少量,多頻度である個人消費者に対応するならば,取引回数は膨大になり,販売の効率性は流通業者を活用するよりも格段に悪くなる。インターネット販売は大量生産された商品の効率的な流通以外の有用性があると考えるべきであろう。

3. インターネット販売による商品の基本的性格

　インターネット販売で消費者が商品の購入を検討する際,商品を画像として確認できるが,品質そのものは確認できない。それだけ購買する時点での判断が難しくなる。そうではあるが,過去にその商品の購入経験がある場合,それを基準として購買意思決定される。また,商品そのものを知らなくとも,大手メーカーが生産した商品であるならば,購買経験のある同社の他の商品の品質などを基準に間接的な判断がなされる。この点だけからすれば,ナショナル・

ブランド商品は競争的に優位である。

　しかし，消費者が購買経験はなくとも，ナショナル・ブランド商品の場合と同様に，何かがその商品の品質を担保するような場合，比較的容易に購買可能性が高まる。知名度が大きく影響する。中小零細規模のメーカーではあっても，品質が優れていると広く消費者に認知されている商品がある。中小零細メーカーは大規模メーカーと比べて，流通業者への交渉力は弱く，流通費用は高くなる。商品の取扱数量や生産量が少ない場合，インターネット販売の方が効率的になることもある。

　実践において，さまざまな状況が存在することから，あくまでも論理的にではあるが，インターネット販売による商品の流通は大規模メーカーよりも，知名度のある中小メーカーの方が有用な手段となる。

4. 大規模メーカーにとってのインターネット販売

　そうであるならば，大規模メーカーにとってのインターネット販売の意義はどこにあるのか。一般的なナショナル・ブランド商品にとって，効率的な流通手段にはならないインターネット販売ではあっても，特定の商品については有用な手段となる。事例を活用しながら説明していこう。ただ，先述したように，インターネット関連の発展は急速であり，まだ，以下の内容が一般論として認められるのかどうかは今後の研究成果を待たなくてはならない。

(1) 江崎グリコ株式会社

　江崎グリコではホームページ上に「グリコネットショップ」を開設している。その中に，「地域限定お土産」コーナーがあり，各地域の特産品の味付けを施した商品が取り揃えられている。例えば，北海道地域限定は「とうきび」「鮭」「夕張メロン」，中部・北陸地域限定は「手羽先味」「八丁味噌」「うなぎの蒲焼味」，近畿地区限定は「京都宇治抹茶」「なにわ名物たこ焼味」「神戸のコーヒー」などである。通常よりもかなり大きなサイズの「ジャイアントプリッツ」「ジャイアントポッキー」などは税込み（以降，「税込み」表記省略）1,050円，6箱が基本セットになった小さなサイズの「ちっちゃなプリッツ」「コロン」などは630円である。

それ以外にも大きなクリームコロンが入った「コロンの棒3種セット」3,150円,「グリコのキャラメルクリーム2コセット」840円,「グリコのジグソーパズル」2,500円,詰め合わせギフト商品「セレクション・ザ・グリコ」3,780円,「カーボックスセット」5,800円などがある。

これらの商品は「ぐりこ・や」という全国16箇所でも販売されているが,全て高価格・定価販売されている[1]。

(2) 株式会社 明治

明治では「明治ミルクチョコレートの城」をインターネットのみにて10,500円で販売している。高さ400mm,幅520mm,奥行き280mmの組み立て式のチョコレートの城で,注文期間は2011年12月23日まで,配送期間は12月17日から12月25日までの約1週間と期間限定されている。デコレーションの仕方や城の7つの秘密と題する楽しみも盛り込まれている[2]。

(3) 日清食品ホールディングス

日清食品では「日清eめんShop」というインターネット通販のコーナーを設けている。その中に,「地域限定の麺をお届け」「いつもの麺をエコスタイルで」「人気商品をセットに」「定番ブランドシリーズ」「かわいいグッズが勢ぞろい」,JALとの共同開発商品「JALですかいセット」,自衛隊向け専用商品「SDFしょうゆ味ヌードル」などの個別コーナーがある。基本的に,商品は単品ではなく,箱売りになっている。会員限定のアウトレット商品や99円均一セールも実施されている[3]。

5. 小 括

日清食品のように,一部商品についてはディスカウント的な販売も行ってい

---

1) 江崎グリコ株式会社ホームページ内,Net Shopのコーナー,http://www.glico.co.jp/menu_4.htm (2011年12月15日アクセス)。
2) 株式会社 明治ホームページ内,ショッピング・宅配サービスのコーナー,http://www.meiji.co.jp/shopping/ (2011年12月15日アクセス)。
3) 日清食品ホールディングスホームページ内,オンラインショップ「日清e-めんShop」のコーナー,http://www.nissinfoods.co.jp/ (2011年12月15日アクセス)。

るが，全商品に占めるそれらの割合は小さい。値引率や送料なども考えると，消費者が小売店ではなく，インターネットによって，積極的に商品を購入するとは考えられない。多くの商品は値引きがなく，箱売り，セット売り，または，単品であっても比較的高価格であり，最寄品としては適切とはいえない。

しかし，限定・プレミアム商品は市場細分化戦略の1つとして，また，一般的な商品流通の1つの形態として，インターネット販売は位置付けられるのかもしれない。または，話題提供のための材料であり，豊富な商品を生産していることを知らしめる販売促進活動であるとも位置付けられる。商品の販売数量が制限されていることもあり，そのように推測される[4]。

結論付けは簡単ではないが，特殊的な商品を除けば，大量生産された商品の一般的流通手段として，インターネットが積極的に活用されているとは認めにくい。全体として，インターネット販売は商品を紹介する販売促進的性格にあると考えられる。

第2節　人的販売

人的販売活動は経路戦略の1つである系列システムと密接な関係があり，また，サービス・マーケティング，小売業のマーケティングとの関係も少し説明しなくてはならない。

マーケティングにおける人的販売活動とはどのような状況のもとに成立するのか，また，その意義は何であるのかを理解してもらいたい。

1.　人的販売を支える系列システム

系列システムは古い用語のように思われるかもしれない。しかし，今日でも系列システムは有効な手段であり，また，これはマーケティングの本来的な性格を学ぶ上で重要である。人的販売を支える系列システムの基本から説明しよう。

巨大メーカーが流通過程にある卸売業者や小売業者を自らの傘下に収め，一

---

[4] 各ホームページ内には異なる表記ではあるが，販売数量を制限する表記がみられる。

貫したマーケティングを遂行するために系列システムが用いられる。メーカーの傘下に入るといっても，卸売業者や小売業者は経済的に自立した主体である。利害関係に注目しながら，系列システムがどのような意義をもって形成されるのかを理解しよう。

(1) 大量生産システムと商品の価格との関係

巨大メーカーは商品を大量生産する。原材料の大量仕入れにより，仕入原価を抑え，生産設備を効率よく稼働させ，生産性を高める。これにより，大量に均質な商品が市場に出回る。このこと自体は問題にはならない。問題は複数の同種商品，異なる表現をすれば，競争関係にある商品を生産する複数のメーカーが自社市場の拡大を図り，それが直接他社市場を奪う状況が成立することにある。メーカーは商品の価格を下げて優位性を獲得しようと動機づけられる。

それだけではなく，大量生産されたある商品は競争関係にある多くの小売店舗で販売される。同じ商品であるならば，購買基準が価格に絞られ，消費者は安い価格で商品を購入しようとする。そのような状況に対して，小売店舗は他の店舗との競争に勝つため，商品の価格を下げることで優位性を獲得しようとする。特に，大規模小売業者は商品を大量に仕入れるため，交渉力を強め，メーカーは商品販売価格を下げさせられる。

市場の競争関係が激化すれば，大量生産された商品は低価格競争に巻き込まれる危険性がますます高まる。

(2) 低価格競争の回避

低価格競争の激化は利益率を低下させる。そのような状況を回避するため，流通業者での値引きを統制・管理する必要が生じる。しかし，経済的に自立した流通業者にとって，メーカーの商品に対する意図がどうであろうとも，利益を獲得するためであれば，競合関係にあるA商品とB商品は何も区別なく，販売するための単なる商品（手段）に過ぎない。これはメーカーの意図が商品を流通業者に販売した時点で途切れることを意味する。メーカーはそのような状況を変えなくてはならない。

そのために登場したのが系列システムである。系列化する主体は巨大メー

カーであり，傘下に入るのは流通業者である。ここには支配従属関係が成立する。このような事実はあるが，支配される側である流通業者にもそれ相応のメリットがある。流通業者にとっても低価格競争は利益率を低下させるものであり，それを回避しようとする。ここに両者の利害の一致が成立する。

(3) マーケティング力の強化

系列システムは価格を統制するという点において，独占禁止法に違反する可能性がある。そのような社会的ではない行為は消費者からも強い批判を受ける。このような側面はひとまず横に置いてもらいたい。

それ以外の側面をみていこう。メーカー，卸売業者，小売業者など，経済主体が異なる企業は系列システムを構築することによって，生産から販売まで一貫したマーケティングを遂行できる。各経済主体にはそれぞれの思惑があるものの，一貫したシステムの中でお互いの役割を果たす。そのような面倒なことを避け，メーカーが自ら卸売業者や小売業者を設立，または，そのような機能を自社の内部に作ることも可能なのではないのかと思われるかもしれない。しかし，それは現実的ではないことだけ今は覚えておこう。

系列システムで品揃えされる商品は特定メーカーの商品に限定される。限定された商品であるならば，商品に係わるさまざまな情報をしっかりと把握し，メーカーの意図を正確に消費者に伝えるだけの販売に関するより深い学習ができる。また，異なる主体が連携しなくてはならないシステムであるが，それだけにそれぞれの能力が十分に活かされ，より強い結束力を発揮することもある。それがマーケティング力となる。

2. 人的販売と系列化との関係

(1) マーケティングの主体と人的販売の主体との関係

テキストのタイトルは『現代のマーケティングと商業』である。第Ⅰ部はマーケティング，第Ⅱ部は個別のマーケティング，第Ⅲ部は商業である。タイトルにあるマーケティングはメーカーであり，メーカーと商業について書かれたテキストと読み替えられる。

メーカーは商品を生産する。その商品を商業者が販売する。このような役割分担は商品の流通を効率的にするため，必然的に形成される。現実にはメーカーが消費者に直接販売する場面もあるが，それは特別な場合である。商業には卸売業と小売業とがあるが，人的販売活動は小売業における消費者との接点での活動である。メーカーと小売業者とは経済的に独立した主体であり，そのような各経済主体による活動がどのように関係するのであろうか。

　この関係を結び付けるものは商品である。マーケティングは商品の企画・開発から始まる。また，マーケティング諸活動はメーカーによって決定される。しかし，商品の最終販売局面，マーケティングの最終的な，最も重要な具体的活動内容は経済主体の異なる小売業者が行う。その点では小売業もマーケティングの一部を担っている。そのような大枠での関係において，更に，小売業者のもとに品揃えされた商品に対する小売業者の認識がメーカーとの関係性を明確に区別する。

(2) 商品の特徴によるメーカーと小売業者との関係の相違

　ここでは商品そのものではなく，小売業者によって，認識される商品の特徴をとりあげる。結論からいえば，小売業者にとって，取り揃えられた商品が等しく販売するための単なる手段であるのか，特別な意味をもつのかによって大きく異なる。

　前者の場合，競合するA商品とB商品は等しく，小売業者の収益の増加につながれば，それら商品に対する区別はない。しかし，後者の場合，同一メーカーのC商品とD商品はそれぞれに関係性があり，それを考慮した販売活動がなされなくてはならない。

　このような違いはどうして生じるのであろうか。前者の場合，小売業者が消費者ニーズを，後者はメーカーの意図を品揃えの出発点とする違いがある。前者は店舗周辺の地域住民のニーズを的確に捉えようとする。売れる商品を品揃えするという消費者視点からの仕入れ活動は立地や地域住民の特性など，さまざまな要因によって異なる。効率的・効果的に収益を上げるための品揃えを行うため，各商品は平等に目的を達成するための手段として扱われる。メーカー

の商品に対する意図は無視される可能性がある。

それに対して、後者の場合、メーカーの意図を全うさせようとする商品は前者と比較して、店舗が立地する地域の消費者ニーズに適合しているかどうかはわからない。商品流通の効率性は後者の方が悪い。そうではあっても、メーカーは商品に対する意図を商業者の利益獲得手段として勝手に歪められることを回避しようとする。それが系列システムによって可能となる。このような商品はメーカーの意図を消費者に正確に伝える、積極的な、説得的販売活動が行われる。そのための最も有効な手段が人的販売活動である。

(3) 人的販売とサービス・マーケティングとの関係

人的販売活動はサービス・マーケティングと密接不可分な関係がある。しかし、このことをもって、サービス・マーケティングがマーケティング戦略の下位戦略であると誤解してはならない。マーケティングとサービス・マーケティングは密接に関係しても、それぞれ独立した領域である。そのため、第II部において、サービス・マーケティングという章がある。

マーケティングは商品の企画から販売にかかわる活動を総称する。また、マーケティングは巨大企業による大量生産が基本である。対象は一般的な表現では製品、または、有形の商品、経済学的には物財である。それに対して、狭義のサービス・マーケティングは大別して、対象が2つある。1つはサービス財の生産と販売にかかわる人的活動の総称である。これはホテル、病院など、人の活動が財を形成するサービス商品とその販売促進のための人的販売促進活動である。これは純粋なサービス・マーケティングの対象であり、本章から切り離す。

もう1つは物財を販売するための人によるサービス提供活動、人的販売促進活動が対象となる。販売される商品は有形の物財である。この物財の生産活動の主体が同一企業の場合もあるが、異なる場合もある。前者は製造と販売が同一企業で行われる製販統合にみられる。後者は製造と販売が分離された状況にあり、小売業での販売活動が対象となる。その中にあって、製造と販売に係わる諸活動が一貫して行われる製販統合や系列システムの中に豊富な人的販売活動の知識が集約されている。これらに関するサービス・マーケティングのさ

まざまな知識はマーケティングの下位戦略として，または，販売部門における特殊的戦略として，認識されるのかもしれない。これが本章の対象となる。よって，最寄品にみられる一般的な流通における人的販売促進活動は除外される。

3. 人的販売活動の内容 —理論から—

(1) 前提（これまでのまとめ）

　本章で説明する人的販売活動は限定的なものである。そのことをこれまで述べてきたが，もう一度，簡単に確認と補足をしておこう。マーケティングはメーカーによって決定される。メーカーは消費者への商品の販売を小売業者に任せなくてはならない。大量生産された商品は基本的に低価格競争に巻き込まれる。小売業者がメーカーの思惑に関係なく，商品を単なる利益獲得の手段とするためである。それに対して，メーカーは低価格競争を回避するため，小売業者に対する管理活動を行う系列システムを導入する。

　小売業者も低価格競争は利益率の低下を招くので，これを回避したい。系列システムはメーカーだけでなく，小売業者にとっても魅力がある。本来，小売業者は商圏となる地域消費者の購買行動に対応した柔軟な品揃えを形成する。系列システムの中での品揃えは特定メーカーの商品に限定され，小売業本来の役割を果たせない。それだけ余分な費用が発生する。そのような費用を吸収できる商品，利益率の高い，高品質な商品がここでの対象になる。

(2) 拡張された商品概念における人的販売活動の重要性

　消費者は商品そのものだけを購入するのではない。商品の販売にかかわる，例えば，商品の品揃え，店舗の雰囲気，従業員の接客対応なども購入する際の評価対象に含まれる（Kotler & Armstrong 2007, p.235）。極端に思えるかもしれないが，商品そのものの質が低いにもかかわらず，他の要素の質が高いことによって，商品が売れることもある。しかし，そのような場合，消費者は商品そのもの以外に価値をみいだしているのであって，商品そのものは形式的な販売対象に過ぎない。実質的には他の要素が商品として消費者に認識されている。このような商品は除外する。

商品そのものにそれ相応の価値があり，その価値を消費者にアピールする際の表現方法として，付帯的な活動がなされる。それらの要素の中でも，商品の特性を説明するための人的活動が本章の対象になる。それは消費者の多様性に対応する柔軟な活動であり，説得的活動の最も効果的な局面となる。

(3) 人的販売活動となるサービス

サービス・マーケティングの出発点となる「サービスの工業化」からみていこう。サッサーらはマクドナルド社と競合するバーガーキング社を比較分析した。バーガーキング社はコンベアーシステムを活用して，ハンバーガーのコスト削減を図った。まさに，工業化を目指した。それに対して，マクドナルド社は消費者との接客活動の重要性を認識した。結果はマクドナルド社の方が優位であった。マクドナルド社は生産性が低いとされていた人の労働を管理システムの向上によって克服した。従業員の意思決定を減らすよう，徹底したマニュアル管理によって，質の高いサービスを提供した。マクドナルド社の競争力の源泉の1つが標準化された愛想のよさである(Sasser & Arbeit 1976)。

レビットはマクドナルド社でのハンバーガーの販売について，「サービスの工業化」という表現をした。製造分野での管理システムを労働集約的なサービス業に適応した例として，マクドナルド社をとりあげた。そこでの従業員の自由裁量権を最小限度に抑えることを工業化によって成し遂げたと評価した(Levitt, 土岐訳 1984)。

異なる表現をすれば，そのような人による活動を販売システムとして，標準化することで生産活動を管理可能な対象とした。ハワードがいうように，管理可能な資源でもって，管理困難な消費者の意識を操作しようとする活動がマーケティングである (Howard, 田島訳 1960, pp.3 - 18)。このようにして，人的活動がマーケティング管理の対象として受け入れられた。しかし，このようなサービスの生産管理問題は本来的なマーケティングにとって，出発点以前の必須条件であることを忘れてはならない。本来，マーケティングは大量生産された商品が均質であることを必然的条件とするため，生産管理問題はマーケティング問題とは切り離される。

それに対して，本来的なサービス・マーケティングは消費者の多様性を受けた柔軟な活動体系が求められる。人の活動そのものが形成するサービス商品や，サービス商品や有形の商品を販売するための人的販売活動の生産管理問題は従来のマーケティングの基礎的・根幹的な前提条件を揺るがした。柔軟で多様な，標準化できない人的活動はマーケティングの管理可能な資源の範疇には収まらないからである。そのため，サービス・マーケティングでは従来は捨象されていた，または，前提条件であった生産管理問題をこの体系の中に取り込まなくてはならなくなった。その具体的な事例は後述するが，人的活動の具体的内容の決定は消費者と向き合う最前線の人に委ねられる。そのような活動を行う人の管理体系がサービス・マーケティングであり，マーケティングとは大きく区別される。

(4) 情動的インパクトの重要性

有形の商品とサービス商品の生産性は大きく異なる。有形の商品は機械などの生産設備やシステムの導入によって，大量生産が可能である。それに対して，サービス商品は人の活動が商品そのものになるため，相対的に生産性は低い。品質を落とすことなく，より多くの消費者にサービス商品を提供することは非常に難しい。そのためには，まず，品質そのものを高めなくてはならない。時間あたりの品質が高くなれば，時間を短縮しても，絶対的な品質は下がらないからである。

しかし，これは簡単には行えない。そこで注目されるのが，消費者が感動・歓喜するような経験をとおして得られる情動的インパクトの効果である。これは通常の満足度とは異なり，さまざまな要素に対する満足不満足の評価総計がどうであろうとも，この効果は全体の満足度を押し上げる。

消費者の行動や性格をサービス提供者が熟知または察知することで適切な対応をすれば，情動的インパクトを与える機会を得る。その具体的活動は言葉や態度，行為などによってなされるが，それは提供される時間と全く比例しない。一瞬であっても，消費者が歓喜することはしばしばある。例えば，なにげない会話の中で誕生日の話があり，1年後，その店員が消費者の誕生日にお祝いの

言葉をタイミングよくかけることによって,消費者を歓喜させることもあろう。これはさまざまな要素を検討し,からみあわせて提供されなくてはならず,システム的に構築できるものではない。しかし,従業員の能力次第で消費者を強く魅了するものであり,非常に重要な手段である。

4. 人的販売活動の内容 —事例から—
(1) 化粧品

　化粧品は書籍,新聞などと同様に,メーカーが流通業者に販売価格を維持させる再販売価格維持制度の適用を受けていた。資生堂は卸売業者に対して,テリトリー制度を導入し,特定地区に卸売業者を1社に限定することで,販売の統制を行った。その後,卸売業者である販売会社を100%子会社化することでますますマーケティング力を高めている。現在,再販売価格維持制度は廃止されたが,実質的に販売経路は守られている。

　最も人的販売活動が注目される百貨店での販売について,百貨店は各化粧品会社の選定に始まり,販売コーナーの位置設定,その費用,美容部員の派遣,納入掛率などを化粧品会社と交渉する。店舗には百貨店の社員とメーカーの美容部員が配置される。美容部員はメーカーの社員であり,化粧品に関するさまざまな教育を受けている。消費者はマンツーマンでの対応を受ける(梅本2011,pp.26-49, pp.92-93)。この際の活動はマニュアルだけでは対応できない内容が豊富にあり,美容部員の内発的な動機づけがなされていなくては到底消費者に満足してもらえない。化粧品販売は一瞬の対応が消費者を歓喜させたり,失望させたりする非常に難しい場面である。特に,消費者にとっての何らかの問題を解決するために,化粧品は用いられるからである。より具体的には,消費者の心を傷つけることなく,問題点を指摘しなくてはならないからである。そのためには消費者の言葉の中にある本心はどうなのかを見極めなくてはならない。

　香月秀文によれば,忠誠度の高い消費者,または,常連客と呼ばれるロイヤルカスタマーをどれだけ多く獲得するのかは化粧品会社にとって,非常に重要であ

るが，新規客100人の中で，ロイヤルカスタマーになるのは5～10人程度しかない。また，ロイヤルカスタマーと認識される消費者であっても，年間の来店は5～8回程度であり，年間15～20万円程度の購入額である(香月2010, pp.260 – 267)。ロイヤルカスタマーでさえ，1ヶ月に1回も来店しない。美容部員は顔やその際の様子，好みなどを覚え，ロイヤルカスタマーとして消費者を認識しているのだと分かるように美容部員の対応がなされなくてはならない。

(2) 高級ブランド商品

海外有名ブランド商品は代理店契約によって，販売過程が統制されている。また，ベブレンが指摘するように，高級な衣服は見栄による消費（衒示的消費）の代表的な対象である (Veblen, 小原訳 1961, pp.70 – 100)。そのような商品を購入する消費者は商品そのものだけではなく，店舗の雰囲気，接客従業員の対応などの質的な高さも商品の付帯的な要素と認識する。高級ブランド商品はそれを所有し，身に付けるだけではなく，購入する行為そのものも重要である。

そのような消費者に対応するため，接客従業員の教育システムも整っているが，基本的に，新規採用ではなく，中途採用により，優れた人材をさらに教育するシステムが採用されている。一般的な消費者がそのブランドのロイヤルティによって，常連客である顧客になるよう，接客従業員の活動はなされる。

あるブランド店では1人の店員が入店から退店まで1人の消費者の接客を行う。商品を買えば，次回来店の際にはということで，従業員の携帯電話の番号，出勤スケジュールなどの情報が提供される。その店員を消費者が気に入れば，継続的な担当として，関係性は継続する。消費者の好みを熟知し，適切なアドバイスを提供する。また，高級ブランド商品は消費者に受け入れられる事実はあっても，一般的な商品にみられる消費者志向であるといえるのかと問われれば，回答は難しい。ブランド商品は流行を形成する立場にあるからである。その点からすれば，接客従業員は流行を末端で形成する活動を行うため，商品に関するさまざまな情報を提供しなくてはならない。

1つだけ例をあげると，筆者が自分の髪の毛は少ないと何気なく発言した際，直ぐに，店員が「お客様，全くそんなことないですよ。私なんてずっと髪の毛

がないままです。全く，気にされることなんてないですよ」と気さくに自分の髪の毛のなさを材料に消費者の心を癒す心遣いには感動した。まさに情動的インパクトの重要性を心得た対応であった。

(3) 自動車

系列システムの代表的な自動車販売であるが，今日，過去とは大きく状況が異なっている。消費者は系列化された自動車ディーラーではなく，一般自動車販売会社で新車を購入することも多くなった。しかし，自動車ディーラーが一般自動車販売会社に取って代わられる状況になるほどには至らず，全体として，その有用性は弱まりながらも，特定の消費者にとっての有用性は依然として高く，このシステムは継続している。

この弱まりは接客従業員の活動の幅と深さに大きく制限を加えている。そのような状況になる理由に以下のような要素が考えられる。自動車に関する情報を消費者は十分に得るようになり，販売員からの情報の必要性が低下した。自動車を所有することがステータスであった時代からすれば，その有用性は低くなり，中古車で十分であると考える消費者も増加した。このような現実はあるが，量販店での対応とは全く質の異なるものであり，学ぶべきことは多い。

来店すれば，従業員が最後まで親切丁寧な対応をする。購入後も継続して，さまざまな形でのサービスの提供がなされる。定期検査や年末年始の挨拶などの連絡もなされるが，消費者個人に対するアプローチもさまざまな形でなされる。過去にはある特定の販売員からしか自動車を購入しないという消費者もいたほどである。それほどまでに消費者個人の多様性に合わせた，柔軟な，また，マニュアル化できない対応がなされている。今日では制限されるものの，その重要性は高い。

品質が高く，所有することがステータス性の証明につながる衒示的消費ともいえるような，また，その機能・効用についての適切な情報を得たくなるような商品であることが人的販売活動の有効性が発揮されることを理解してもらいたい。その点では自動車の販売に係わる人的販売の重要性は相対的に低下しつつある。

(参考文献)

J. A. Howardu(1957), *Marketing Management : Analysis and Decision*, Richard Irwin, Inc.(田島義博訳(1960)『経営者のためのマーケティング・マネジメント』建帛社)。

P. Kotler & G. Armstrong (2007), *Marketing: An Introduction, 8th ed*, Pearson Education, Inc.

T. Levitt(1983), *The Marketing Imagination*, The Free Press.(土岐坤訳(1984)『マーケティング・イマジネーション』ダイヤモンド社)。

T. B. Veblen(1899), *The Theory of Leisure Class: An Economic Study in the Evolution of Institutions*, New York.(小原敬士訳(1961)『有閑階級の理論』岩波書店)。

W. E. Sasser & S. P. Arbeit(1976), "Selling Jobs in the Service Sector," *Business Horizons*, June.

岩永忠康(1995)『現代のマーケティング戦略の基礎理論』ナカニシヤ出版。

梅本博史(2011)『化粧品業界の動向とカラクリがよくわかる本 第3版』秀和システム。

香月秀文(2010)『新版 化粧品マーケティング』日本能率協会マネジメントセンター。

松井温文

第6章　販売促進戦略
―ブランド・コミュニケーション―

第1節　販売促進とブランド構築に向けて

1．販売促進の位置づけ

　販売促進(promotion)とは，消費者のニーズを刺激し，需要を喚起して消費者の購買行動を動機づけ，短期的な売上増進を図る目的でなされるマーケティング活動のことを一般的に指す。

　販売促進という言葉で注意しなければならないのは，広義と狭義でその位置づけが異なることにある(図表1参照)。広義のプロモーションとは，マーケティング・ミックスの4Pの1つである「プロモーション」に当たる。具体的には，広告，人的販売，広報・パブリシティ，セールス・プロモーションを含む。

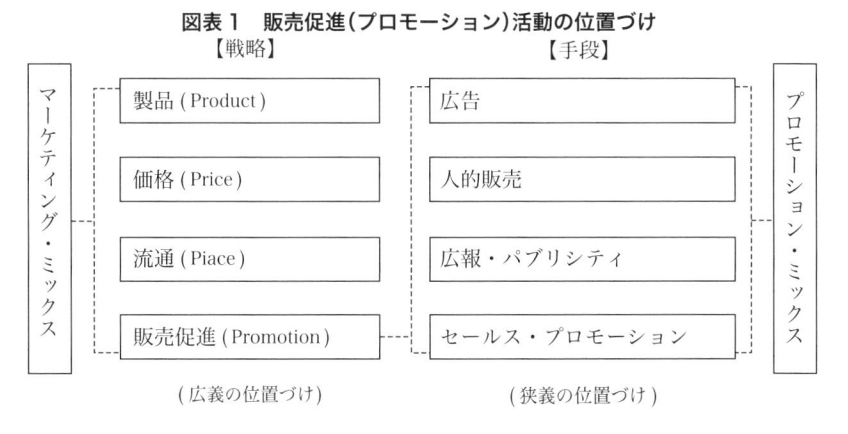

図表1　販売促進(プロモーション)活動の位置づけ

マーケティング・ミックス	【戦略】	【手段】	プロモーション・ミックス
	製品 (Product)	広告	
	価格 (Price)	人的販売	
	流通 (Piace)	広報・パブリシティ	
	販売促進 (Promotion)	セールス・プロモーション	
	(広義の位置づけ)	(狭義の位置づけ)	

出所：亀井 2009, p.52 の図表1を参考に加筆・修正。

狭義のプロモーションとは,「セールス・プロモーション」に当たる。具体的には,キャッシュバック,クーポン,値引き,増量パック,チラシ配布,DM(ダイレクトメール),POP広告,サンプル提供,モニタリング,デモンストレーション,景品(プレミアム),懸賞など,多種多様な活動が含まれる。セールス・プロモーションは,実施する主体(メーカーや流通業者など)とその対象(取引相手や消費者など)によって手段が異なり,価格訴求型,情報提供型,制度型,体験型,インセンティブ提供型などの訴求タイプがある。

2. 販売促進とコミュニケーションのあり方

　近年,マーケティングでは,強いブランドを長期的に育成し,維持していくことが重視される傾向にある。ブランドを構築するメリットとして,付加価値の育成,高価格の設定,購買の反復,固定客の確保,価格競争の回避などが挙げられ,ブランドの構築に成功すれば高収益を継続して確保できると考えられている。

　ブランドの構築は,さまざまなマーケティング活動によって展開されるが,短期的な販売促進についてはブランドにとって必ずしもプラスに働くというわけではない。特に価格訴求型の販売促進は,マイナス効果となることがある。

　例えば,マクドナルドは2000年に「平日半額キャンペーン」としてハンバーガーを65円(チーズバーガーを80円,フィレオフィッシュを120円)で販売したことがある。世の中が不景気の中,若者以外の世代もマクドナルドに足を運ぶようになり,キャンペーンは成功,「デフレ時代の勝ち組」ともてはやされた。しかし,2002年にキャンペーンが終了した後,値下げに慣れてしまった消費者の足は店舗から遠のき,収益は逆に悪化した。そして,「ハンバーガーは安物である」というイメージを与えてしまい,ブランド価値は大きく損なわれたのであった。

　「安売り」は,消費者の購買選択の基準を製品(の特徴や機能)あるいはブランドにではなく,価格に転化させてしまいやすい。そして,長い目でみると,企業にとっての行く末は低価格競争の消耗戦を招きかねない。

一方，販売促進における刺激策がすべてマイナス効果になるわけではない。それは，これまでの販売促進策が短期的な効果ばかりを求めていただけであり，長期的視点からブランドを育成していく販売促進戦略やコミュニケーション戦略が重要になってきていると言える。

販売促進（プロモーション）とコミュニケーションの違いは，"PUSH" と "PULL" の発想にある（宇佐美 2009, p.83）。"PUSH" はあくまで短期的な販売を前提とした「買ってもらう」ことであり，販売促進が重要となる。一方，"PULL" は長期的に人の心の中で「好きになってもらう」ことであり，ブランドに対するコミュニケーションが重要となる。

ブランド・コミュニケーションの目的は，消費者がブランドに対して確固たる意味やイメージをつくることであり，究極的には消費者がブランドに一体感を抱くような強力な心理関係である「絆（きずな）」を築くことだといわれている。消費者自身が購入する商品・サービスに対して，それ自体の価値を認識してもらうことが長期的効果を生む。その場合，消費者心理がカギとなる。

3. 消費者の購買プロセス：AIDMA から AIDEES へ

販売促進にせよ，コミュニケーションにせよ，消費者の購買に至るまでのプロセスを理解しておく必要がある。AIDMA は，「Attention（注意）→ Interest（関心）→ Desire（欲求）→ Memory（記憶）→ Action（行動）」で示される消費者の購買行動に至るまでの心理を説明したものである。まず消費者の「注意」を引き出し，商品の「関心」を高め，使いたい，所有したいという「欲求」を発生させ，その商品を「記憶」し，「行動（購入）」するというプロセスを説明している。

企業（あるいは販売員）はこのことを理解した上で販売促進活動やコミュニケーション活動を行う必要があり，一般的に注意や関心を引く「認知」段階までは広告が，それ以降の「情動」段階は人的販売が大きな役割を果たすと考えられている。

AIDMA に代わって新しく提唱されているのが，AIDEES[1]である。このモデルの最初の「A・I・D」は AIDMA と同じであるが，後半の「E・E・S」は「Experience（経験・体験）→ Enthusiasm（心酔・感動）→ Share（共有・推奨）」というプロセスを示している。ネット時代にマーケティングが重視する「口コミ」，「体験価値」，「感動」という要素を組み込む。

　AIDEES の特徴は，消費者の"Action"の後に注目していることにある。消費者にとって重要なことは，商品を使ってみたり，食べたり，鑑賞することによる購入後の「経験・体験」である。そして，その経験・体験によって引き起こされる「感動」によって（口コミ等を通じて）広がり，消費者の間でそれが「推奨・共有」される。そして，"Share"に到達すると再び"Desire"へと戻り，軌道に乗れば，「D・E・E・S」の好循環が続くことになる。

　AIDMA モデルは，消費者が商品・サービスを購入した"Action"の時点で終了となる。それは，売れたらあとは関知しないという売り手からの一方的な意味でしか捉えないことになる。AIDEES モデルは，顧客の購入後の「情動」段階を強調する。企業が提供する商品・サービスに（経験・体験を通して）心酔・感動した消費者は自ら営業・宣伝部員となって自分の周りにいる消費者に影響を与える。消費者の心を動かせば，自然に情報の流れが加速される。ブランドを念頭に，消費者の心を動かす購買プロセスとして AIDEES が注目されている。

第 2 節　ブランドとブランド・エクイティ

1. ブランドとは？

　ブランドとは，放牧している家畜の所有者が自分の家畜と他人の家畜とを区別するために「焼き印」を押して「識別するための印」として捉えたことがその起源とされている。また，醸造されたウィスキーの酒樽に製造元を区別するた

---

[1] 片平秀貴のブランド論「AIDEES とブランドづくり」より引用 http://www.mbforum.jp/mbf/library/HotakaKatahira/HK20060803.html（2012 年 1 月 20 日参照）。

めにつけた「焼き印」は「識別するための印」としてだけでなく「品質を保証するための印」として捉えられるようになり，このことによって「商標（トレードマーク）」が成立したと考えられている。

　AMA（アメリカマーケティング協会）の定義によると，ブランドとは「ある売り手あるいは売り手集団の製品およびサービスを識別し，競合他社のものと差別化することを意図した名称，言葉，シンボル，デザイン，あるいはその組み合わせ」として説明される。この定義の特徴は，「識別する」ことから発展させて，競合他社のものと「差別化」することを意図したものがブランドであり，ブランドを名称などの属性，ないしその組み合わせで説明する。これを「ブランドの要素」と呼ぶ。ブランドの要素には，上記以外にもカラー，マーク，キャラクター，ジングル，スタイル，パッケージなどが挙げられる。

　ブランドの要素は，競合ブランドとの違いを訴える上で，製品・サービスの識別や差別化に役立つ情報であり，有効な手段となる。また，視覚，聴覚などの感覚と言葉の意味から消費者に訴えることで，ブランドの認知向上とイメージの形成に貢献する。この点がマーケティングにとって，ブランドを単なる「識別する印」から発展させた点だと言えるだろう。

　つまり，ブランドとは単に識別するための，あるいは差別化するための名称，言葉・・・として示されるものだけでなく，（それ以上の）付加価値をもつものとする考え方である。私たちも「ブランド」に対して単に「名前を知っている」だけでなく，ブランドによっては「信頼している」，「期待を裏切らない」，「思い入れ（愛着）がある」，「自己表現ができる」などの理由で購入している場合が少なくない。ブランドには「ブランドらしさ」ともいうべき意味づけやイメージが消費者の心の中に知識や連想として形成されている。それが企業にとっての資産的価値となり，その価値の源泉を示しているのが「ブランド・エクイティ」である。

2．ブランド・エクイティと構成要素

　ブランドの資産的価値に注目し，「ブランド・エクイティ」と呼んだのはアーカーである。アーカーによれば，ブランド・エクイティとは「ブランドの名前

やシンボルと結びついたブランド資産と負債の集合であり，製品やサービスの価値を増大(あるいは減少)させるもの」と定義される。そして，このブランド・エクイティが，顧客や企業の価値を作り出すことを示している。

ブランド・エクイティは，次の5つの要素 (Aaker, 陶山他訳 1994, pp.21-29)から構成される(図表2参照)。

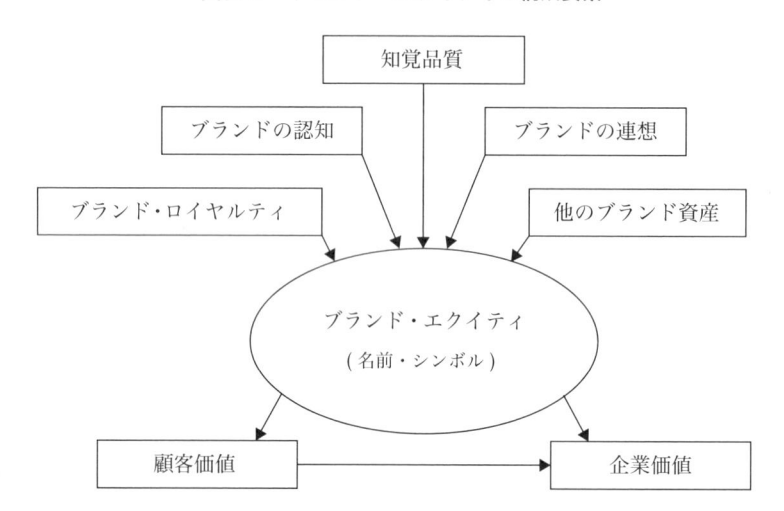

図表2　ブランド・エクイティと構成要素

```
                    知覚品質
        ブランドの認知        ブランドの連想
    ブランド・ロイヤルティ        他のブランド資産
                ブランド・エクイティ
                  (名前・シンボル)
        顧客価値              企業価値
```

出所:Aaker, 陶山他訳 1994, p.22より加筆・修正。

①ブランド・ロイヤルティ

　あるブランドに対する消費者の忠誠度や執着の度合いを指す。この水準が高ければ，他社の競合ブランドにスイッチされず，継続的に購入される。

②ブランド認知

　消費者にどの程度そのブランドが知られているかどうかの度合いを指す。多くの顧客に，また広く知られていることにより選択されやすくなる。

③知覚品質

　「本当の品質」，「客観的に測定できる品質」とは異なり，消費者が判断し，受け止められている品質を指す。消費者の主観的な評価が影響力をもつ。

④ブランド連想

　ブランド・ネームを見聞きした時に思い浮かぶイメージ。心の中で結びついているすべてのものを指し，強くて，好ましくて，ユニークな結びつきが価値を高める。

⑤他の所有権のあるブランド資産

　特許や商標（トレード・マーク），チャネル関係など，競争業者が顧客基盤やロイヤルティを侵すのを抑え，防ぐことによって，それを価値とみなす。

　ブランド・エクイティとは，さまざまなマーケティング活動の結果として，ブランドという「器」の中に蓄積されていく無形資産的な価値に注目し，その維持・強化といった活用方法を示している。最終的には，顧客をはじめとするターゲットのマインドの中に蓄積していく知識がブランド・エクイティのカギを握っている。したがって，ブランドとは単に名称やシンボルだけではなく，その知識の意味ある差が競争優位性や収益をもたらす資産となりうる。逆に，ブランド・エクイティの要素がマイナスとなるような場合には，負債となる。

第3節　ブランド価値とコミュニケーションのあり方

1.　ブランド・エクイティを高めるコミュニケーション

　近年，製品の差別化が困難になったコモディティ化が進んでいると言われている。技術的に進んだ現代では製品の機能や品質に大差はなく，明確な違いをもつ製品は多くない。したがって，同じ機能や品質をもつ製品であっても，それをどのように意味づけ，イメージを形成するかによってブランドの資産的価値は大きく異なってくると考えられる。

　ブランド戦略においてコミュニケーションが重要である理由は，コミュニケーションによってブランド価値を高めることができる点にある。そこで，ブランド価値を高めるためのコミュニケーションについて，ブランド・エクイティ（のいくつか）の視点から考察・検討してみよう（田中 2002, pp.114 - 124 ; 上田・守口 2004, pp.122 - 131）。

(1) 視点１：ブランド認知

　まず，コミュニケーションを通して実現しなければならないのは，ブランドの認知である。私たち消費者は知っているブランドを手がかりに商品を選択し，購入することが多く，また知っているブランドには好意を抱きやすい。

　ブランドの認知率（再生率）は，ある商品カテゴリーから知っている，あるいは思い出すブランド名をあげてもらう調査方法で確認される。消費者が最初に思い出すブランドを「トップ・オブ・マインド」と呼び，優れたブランドに求められる条件の１つとなっている。「トップ・オブ・マインド」となるには，かなりのコミュニケーション投資が必要であり，企業は市場での実績を絶えず蓄積しておかなければならない。

　例えば，資生堂のメガブランドの第一弾として開発された「TSUBAKI」の発売時の広告宣伝予算は資生堂史上初の１年間で約50億円の大規模プロモーションを展開したと言われている。内容は大量のテレビCM放映を通してSMAPの「DEAR WOMAN」をテーマソングに，イメージキャラクターとして６名の女優を１つのCMに登場させ，ナレーションを少なくし「美しい女性，美しい髪」のイメージのみ残すという手法を展開した。新聞広告ではカラー見開き三十段広告を使って，資生堂のシンボルマークの「花椿」を背景に「日本の女性は，美しい」というメッセージを発信した。このことはシャンプーという商品を超えた社会的メッセージとなり，日本の女性を応援しようという姿勢を印象づけることに成功した。大量のサンプリングや屋外での広告，イベント，更に店頭プロモーションでは「TSUBAKI」色（紅色）で店頭を満開にするような演出を行うなど，「トップ・オブ・マインド」を獲得するためのプロモーション・ミックスが惜しげもなく展開されたのである。

　もちろん，このようなケースは企業にとってごく稀であり，コミュニケーション戦略として投資したくてもできない場合も少なくない。その場合は，コミュニケーションの選択と集中をはかることや，話題となる新しいプロモーションの方法が必要となる。店舗のような直接顧客と触れ合う場合は，店頭・店内の演出や従業員を活用することも手段の１つとなる。「スターバックス」は広告

に頼らずに，従業員にスターバックスのミッションを伝え，そこからブランドの浸透をはかったと言われているが，顧客との接点をいかに深く，そして広げていくかが求められる。

(2) 視点2：ブランド連想

次に，ブランドの連想が重要なのは，連想されるものが豊かであればあるほど，ブランド名が記憶に残りやすいからである。ブランドの連想が競合ブランドとどれほど異なっているかによって，独自のブランド・ポジションが形成される。消費者から見てユニークでかつ好ましい特性がブランドと強力に結びついていれば，競争優位なブランド・ポジションを得たということになる。

例えば，ロングセラーブランドとなっているライオンの「植物物語」は，競合商品が香りや洗い上がりを訴求する中で，誰もが思いつく「植物」というコンセプトとネーミングで認識上の差別化を果たした。商品の石鹸は洗う成分の99％が植物原料で，高純度蒸留製法がもたらす不純物の除去効果によって，できたての白さと香りを持続させるという特徴をもつ。「植物」のイメージは，天然のやさしさ，安心感，大地の恵み，みずみずしい生命力などの豊富な連想をもち，消費者の頭の中で「植物」の記憶と結びつく。テレビCMでは，こうしたブランドの世界観にあったタレントを採用し，製法や原料を忠実に伝えるというスタイルをとることで，ブランドの一貫性を果たしている。石鹸からスタートした「植物物語」はヘアケア，スキンケア，女性用化粧品へとブランドを拡張させたことでも成功ケースとして取り挙げられている。

「男前豆腐店」の商品は，ユニークなネーミングとパッケージでキャラクターを作り上げ，「男」路線を強調している。「風に吹かれて豆腐屋ジョニー」など親しみのある名前である種のブランド・パーソナリティを構築し，パッケージ，デザインと音楽，ホームページやブログ，関連グッズなどを通して消費者の連想を高めている。一見，奇抜なネーミングやパッケージが強調されているが，独自のブランドの世界観を作り上げ，豆腐に対する既成概念を変え，「男」に象徴される「真剣さ」，「一途」，「こだわり」，「本物志向」等を連想させている。

(3) 視点3：ブランド・ロイヤルティ

ブランド・ロイヤルティの高さは行動面と心理面の2つの側面で捉えられ，ブランド育成にはその双方を高めることが重要となる。

行動的な側面としてブランド・ロイヤルティを向上させるには，継続的購買をうながすプロモーションが重要となる。

身近な例では，小売店で販売されている清涼飲料のペットボトルの首からマスコットや携帯ストラップなどが入った小袋がとりつけられているのがよくみられる。これは総付景品（ベタ付け景品）と呼ばれ，購入すれば必ずもらえる景品である。総付景品によるプロモーションは，消費者にその商品を購入させることを目的の第1としているが，景品そのものは購入した後も消費者の手元に長く残ることがあるため，その工夫によっては，長期的なブランド育成策としても有効となりうる。また，応募シールを集めて応募すると景品がもらえる手法として，クローズド懸賞が挙げられる。総付景品より高額な景品を抽選によって決められ，応募シールを集めるために継続的な購入をうながすものである。

心理的側面としてブランド・ロイヤルティを高めるには，顧客との直接的対話がカギを握っている。ブログやFacebook（フェイスブック），Twitter（ツイッター）等も含む広い意味でのSNS (Social Network Service) を通じて行う双方向性のコミュニケーションや，顧客に実際参加して体験してもらうようなプロモーションによって，個別の顧客に対して長期的な関係を深めていくことが，ロイヤルティを向上させていく上で重要である。

2. 統合的ブランド・コミュニケーションに向けて

これまでブランド構築の視点から販売促進やコミュニケーショのあり方について考察・検討してきたが，コミュニケーションのあり方については，統合的マーケティング・コミュニケーション（IMC：Integrated Marketing Communication）の考え方がすでに提唱されている。AAAA（アメリカ広告業協会）によるIMCの定義は，「明確で，一貫性があり，最大限のコミュニケーション

効果を提供するために，広告，ダイレクト・マーケティング，販売促進，PRといったさまざまなマーケティング・コミュニケーション手段を統合すること」と説明される。つまり，消費者に対する効果を高めるためには，コミュニケーション手段を統合し，一体化させることが焦点となっている。近年は，そこから発展した統合的ブランド・コミュニケーション（IBC：Integrated Brand Communication）の考え方も注目されており，企業が伝達したいブランド・アイデンティティを消費者に伝え，ブランド・イメージを形成するための一連のコミュニケーション活動として捉えられる。特に重視されるのは，顧客との接点，つまりコンタクト・ポイントにある。

　ネスレ社の「キットカット」は，自社のコンセプトである"KitKat Break"を「ストレスから解放される瞬間」と位置づけ，受験生を応援するブランドとして「キットカットできっと願いがかなう」キャンペーンを展開した[2]。中でも効果的だったといわれているのが，ホテルでのサンプリングだった。サンプリングは，試験会場の近くに宿泊している受験生がチェックアウトする時にフロントの方から「受験がんばってください」の一言を添えて，桜満開のポストカードとキットカットを手渡すものだった。不安な気持ちの受験生にキットカットを渡すと受験生の表情が変わる。またそれを渡す従業員の方にも大変喜ばれたという。また，通学に欠かせない電車や駅では，キットカットのパッケージを使って「サクラ」満開にした構内や「サクラサクトレイン」を走らせ，電車内にはいろんな人の応援メッセージを公開した。あるインターネット調査では，お守りに次ぐ「げんかつぎ」グッズとしてキットカットが選ばれ，こうした動きが口コミを通じて広がり，愛用されているといわれる。

　ここでのポイントは，「キットカット」がブランドとして消費者の心の中に描かれるためには，従来のマス広告ではなく話題性の高くなりそうなPRを中心にいくつかの一連のコミュニケーション活動を統合して展開したことによる。

---

2)「キットカット」の名称が，九州弁で「きっと勝っとぉ」に似て縁起が良いということから，九州地区のスーパーで受験時期に爆発的に売れた事実をつかみ，ただしそれを直接使わずに，後押しするような形のキャンペーンで進められた。

また，直接関係する「個客(=受験生)」をコミュニケーション・ターゲットとして，広告主ではなく自然と受け入れてもらいやすい第三者を通してホスピタリティ(おもてなし)コミュニケーションを行うことで，「キットカット」が単なるチョコレートのお菓子という概念を越えて，「願いがかなう」顧客のイメージに結びついたといえる。

〔参考文献〕

D. A. Aaker (1991), *Managing Brand Equity: Capitalizing on Value of a Brand Name*, Frees Press.(陶山計介・中田善啓・尾崎久仁博・小林哲訳(1994)『ブランド・エクイティ戦略−競争優位を作り出す名前，シンボル，スローガン−』ダイヤモンド社)。

K. L. Keller (1998), *Strategic Brand Management : Building, Measuring, and Managing Brand Equity*, Prentice−Hall. (恩蔵直人・亀井昭宏訳 (2000)『戦略的ブランド・マネジメント』東急エージェンシー出版)。

上田隆穂・守口剛編(2004)『価格・プロモーション戦略』有斐閣。

宇佐美清・かりやひろこ (2009)『USAMI のブランディングノート』トランスワールドジャパン。

内田東(2002)『ブランド広告』光文社。

博報堂ブランドコンサルティング(2000)『図解でわかる ブランドマーケティング』日本能率協会マネジメントセンター。

亀井昭宏・ルディ和子『新マーケティング・コミュニケーション戦略論』日経広告研究所(日本経済新聞社)。

杉村貴代(2007)『あの商品はなぜ売れたのか』ソーテック社。

関橋英作(2008)『ブランド再生工場』角川 SSC 新書。

田中 洋(2002)『企業を高めるブランド戦略』講談社。

稲田賢次

第Ⅱ部
個別マーケティング

第7章　サービス・マーケティング

第1節　サービス経済化の進展

　近年，経済全体にみられるサービス経済化の進展という潮流が挙げられる。サービス経済化の潮流は，わが国固有の現象ではなく，欧米をはじめとする先進諸国に共通する現象でもある。これは単身世帯の増加，女性の社会進出，高齢化社会の進行，余暇時間の増大，情報通信技術の発達といった環境諸要因の変化によって生じるものであり，医療福祉サービスや携帯電話等のような新しい形態のサービスが発展している。

　その結果，卸売・小売業，金融・保険業，通信業から運輸業等に至るまでの第三次産業の就業者数の割合は，わが国の経済では2003年で約6割超を占めている（経済産業省編2007, pp.2 - 9）。加えてグローバル化の潮流の中で，規制緩和が進展することにより，銀行，通信，輸送などのサービス分野では競争圧力が増大している。それゆえ，サービス組織は今後マーケティング戦略をますます重視していかなければならないといえよう。

　他方で私たちの生活を見渡せば，営利組織だけでなく，政府機関やNPOのような非営利組織もさまざまなサービスを提供していることを理解できる。このように私たちの生活の質は多くのサービス組織によって維持・向上されている。

第2節　サービスの定義

　それでは私たちが生活の中で享受しているサービスとはいったい何であろうか。例えばアメリカ・マーケティング協会によれば，「サービスとは販売のた

めに提供されるか，また財の販売に対して提供される行為，ベネフィットもしくは満足である(AMA 1960, p.21)」としている。

サイトハムル & ビトナーによれば，「サービスとは行為であり，プロセスであり，パフォーマンスである(Zeithaml & Bitner 2000, pp.2-3)」としている。

これらの定義は多様な内容を含んでいるが，そこに共通する項目としてはサービスをプロセスとして捉えており，そしてサービスの特性として無形性を強調しているといえよう。

第3節　サービス・ビジネスの特性

サービスの定義を踏まえたうえでモノと対比をすると，サービスは独特の特性を有する。その特性とは，無形性，不可分性，異質性および非貯蔵性である(Stanton, Etzel & Walker 1994, pp.539-541)。

1. サービスの無形性

サービスを販売する際に最も明白になる問題は，サービスの無形性である。サービスは目に見えないものであり，顧客は購買する前にサービスを触ったり，においをかいだり，聞くことができないので確認することが難しい。無形性によって顧客はサービス組織のサービス・コンセプトを理解することが困難になるため，購買に際して不確実性に直面してしまう。不確実性を減少させるために，顧客はサービス品質についての有形の手がかりを探索する。そのため場所，従業員，設備，価格，クチコミなどを通じて顧客がサービス品質を判断するための手がかりを，サービス組織は管理しなければならない。

2. サービスの不可分性

モノは前もって生産が行われた上で消費がなされる。他方で，サービスは生産と消費が同時に行われることが多い。この場合，サービスの生産プロセスそのものからサービスが生じる。人がサービスを提供する場合，組織の一員であ

る接客担当者はサービス生産に重要な役割を担う。また顧客はサービスの創出される現場にいて協働することから，接客担当者と顧客との相互作用はサービス・マーケティングの特徴となる。

3. サービスの異質性

モノは決められた生産プロセスによって標準化された製品を継続的に提供すできる。それに対してサービス品質は誰が，いつ，どこで提供するかによって変動することがある。サービス組織はこの異質性のためにサービスを標準化することが求められる場合には，接客担当者の教育・訓練，マニュアルの導入，機械の導入等を図ることが求められる。

4. サービスの非貯蔵性

モノはその物理的属性が残る限り，何度でも消費できる。また在庫をすることによって季節的な需要変動に対応可能である。他方で多くのサービスは生産と消費の不可分性のために貯蔵し，在庫することができない。多くのサービスは一般的に生産されるとすぐに消滅する特性をもっている。サービスの需要が過多な場合，注文を充当するための緩衝在庫はないので潜在的な事業機会をなくしてしまう。逆に需要が過小な場合，稼働率は落ちる。そのためサービス組織は稼働率を安定させるためにサービスの需要動向の管理が要請される。

第4節　サービスの分類

サービスとモノとの対比を行うことで，その特性について考察した。しかしサービスといっても，その内容は銀行，通信，医療など多様であり，全てを一括りにして把握することは困難である。そのため多様なサービス間の相違性と共通性を何らかの基準によって分類することが重要である。ラブロック＆ウィルツはサービスをプロセスとして捉え，受け手が誰で，サービス行為の本質は何かという基準を提示している(Lovelock & Wirtz 2011, pp.40－43)(図表1参照)。

これはサービスの受け手とサービスの行為の本質によって4つに分類する考え方である。サービスの受け手とはサービスを直接的に受ける対象であり，人とモノの場合がある。またサービス行為の本質とはサービスの生み出す行為が有形の働きかけであるのか無形の働きかけであるのかによって分類される。まず「人に作用するサービス」は人の身体を対象にするサービスである。例えば医療，旅客輸送，レストランなどがあり顧客自身がサービスを受けるためにサービス・システムに入っていくことになる。この場合，顧客自身はサービス提供の現場にいる必要性が生じる。次に「モノに作用するサービス」は汚れた衣類へのクリーニング，修理サービスなど，有形資産を対象にするサービスであり，顧客自身がサービス提供の現場にいる必要性は少なくなる。続いて「人の心に作用するサービス」とは教育，専門的な助言，エンターテイメントなど顧客の心に作用することで態度や行動に影響を与えるサービスである。このサービスの場合，顧客自身はサービスが提供される場所にいる必要は必ずしもなく，情報にアクセスできればよい。最後の「情報に作用するサービス」とは，専門家が知識を駆使して情報処理，情報を提供するものであり，会計処理，調査，法律サービスなどがある。

図表1　サービス行為の本質

サービス行為の本質	サービスの直接の受け手は人かモノか?	
	人	所有物
有形の行為	人に作用するサービス (人の身体を対象にするサービス) ・旅客輸送，宿泊 ・ヘルス・ケア	モノに作用する (有形資産を対象にするサービス) ・貨物輸送，修理とメインテナンス ・洗濯とクリーニング
無形の行為	人の心に作用する (人の心を対象にするサービス) ・教育・会計サービス ・広告/宣伝 ・サイコセラピー	情報に作用する (無形資産を対象にするサービス) ・銀行 ・法律サービス

出所：Lovelock & Wirtz 2011, p.41.

第5節　サービス・マーケティング・ミックスの策定

　サービスの計画と開発はサービスの特性を十分に考慮した上で策定されなければならない。マーケティング戦略の策定においてもサービスの特性を十分に反映した戦略展開が求められる。ブームス & ビトナーは従来のマーケティング・ミックスの 4P に，参加者(Participants)，物的要素(Physical Evidence)およびプロセス(Process)の3つのPを追加し，7Pを提唱している。以下ではブームス & ビトナーや近藤等を参考にして 7P のフレームワークについて検討していく(Booms & Bitner 1981, pp.47 – 51; 近藤 2010, pp.187 – 226)。

1．プロダクト

　サービスの計画と開発はサービスの特性を踏まえた上で策定される。ここでは，サービスの内容，サービス品質，サービス生産性，ブランド化およびサービス保証について取り上げていく。

(1) サービスの内容

　サービス組織はどのようなベネフィットを顧客に提供するのかというコンセプトの開発をしなければならない。提供するべきサービスを開発するための鍵は自らの事業は何であるのか，対象とするべき標的市場はどこかを組織が決定することにある。ラブロック & ウィルツはサービスをコア・サービスと補完的サービスに分類し，それらを組み合わせたものであるとしている (Lovelock & Wirtz 2011, pp.105 – 117)。例えば航空会社のコア・サービスとは空港間の乗客のタイムリーな輸送と安全性である。つまり，コア・サービスとは取引の主要目的となる中核的な要素である。しかし競争の激しい市場では，航空会社を利用する乗客にとっての選択基準は輸送と安全性にだけ置かれるとは限らない。もし価格が同水準であるならば，顧客はマイレージ・プログラム，予約のしやすさ，空港でのスピーディなチャックイン，機内食，荷物の無事な到着といった基準に照らして航空会社を選択することも多いであろう。これらはコア・

サービスの販売を促進し，競争相手からの差別化をするための手段としての補完的サービスである。補完的サービスの役割は，サービスにどのような特徴を持たせるのかという競争戦略の視点から導かれる。

(2) サービス品質

製造業のモノの品質は組織内部の製品規格といった客観的な基準によって評価される。それに対してサービスの場合には，サービス生産に関与する顧客の主観的判断によって品質は評価されるために，サービス品質を規定し，測定し，伝達することが困難である。つまり顧客が知覚する品質に重きを置くのである。サービス品質の測定にはさまざまな研究があるが，SERVQUAL という測定手法が有名である（Parasuraman, Zeithaml & Berry 1988, pp.12-37）。これは顧客が抱いている「期待」と「実際の経験」を尋ねてそのギャップを分析することでサービス品質の評価を行う方法である。

(3) サービスの生産性

サービスの生産は労働集約的側面が強いために，生産性の向上を推進する必要がある。例えば，銀行は ATM を多数の拠点に設置して人件費を削減し生産性を向上させている。コトラーはサービス生産性改善の方法を以下に提示している (Kotler 1994, pp.477-479)。

・従業員の訓練を通じてサービス技術を高めること。
・ある程度，品質を落してもサービスの供給量を増大させること。
・設備の導入や標準化を通じてサービスの工業化を進めていくこと。
・サービスに代わる製品を開発してサービス需要を減少させること。
・より効果的なサービスを開発すること。
・顧客にサービス労働のある部分を肩代わりしてもらうこと。

しかし過度にサービスを標準化して生産性をあげる場合，顧客ニーズに対応する能力を減少させてはならない。また顧客にサービスを担わせる際には顧客による当該サービスの十分な理解が必要である。

(4) サービスのブランド化

サービスは差別化しづらいために，サービスのブランド化は重要な問題であ

る。しかしながらブランドはサービスそれ自体に対して物理的に付与されない。そのため差別的なブランド・イメージを創出するためにはトータル・テーマを開発することが重要である。サービスのブランド化に必要な条件は以下の3つである(Stanton, Etzel & Walker 1994, pp.547-548)。

・ブランド・イメージの部分として有形なものを含むこと。
・ブランドにスローガンを結びつけること。
・独特な色彩の図を利用すること。

(5) サービス保証

サービスは無形であるために，もし顧客にとって好ましい結果が得られないときには顧客はリスクを知覚するため，サービス組織は一定の保証を行うことが求められる。それゆえ返金，修理や納品期間といったサービス保証は顧客にとって訴えやすく，理解しやすいものを提示しなければならない。

2. 価格設定

サービスは貯蔵できないし，サービスの需要は時期によってかなり変動する。これらの性質は価格設定に重大な問題を示唆する。価格設定の要因としては，コスト・プラス方式，競争状態，そして需要を基礎にした方式が挙げられる。例えば，電力会社は事前に決定した投下資本収益率を生み出すようにコスト・プラス方式を採用している。航空会社は2つ以上の競合路線を対象にする場合には，競争相手の価格に反応する傾向にある。またサービスは無形であるため，顧客は事前にサービスの品質を判断できることが難しい。そのため価格は顧客に対して品質を推定させる機能を有している。こうしたサービスの特性に対応するための価格戦略としては，ディスカウント戦略，柔軟な価格戦略，均一価格戦略などが挙げられる(Stanton, Etzel & Walker 1994, p.549)。

(1) ディスカウント戦略

ディスカウント戦略は多くのサービス組織によって採用されている。演劇のシーズン・チケットは，個々の公演ごとに購入されるチケットよりも費用がかからない。また1ヶ月間，車を借りれば，レンタカー会社が課す1日毎の料

金は低くなるだろう。これらは数量割引の形態である。

(2) 柔軟な価格戦略

　柔軟な価格戦略もまた多くのサービス組織によって採用されている。美術館の料金は大人の料金に対して子供やシニアの料金は低料金を課している。航空機に乗る場合に1ヶ月前に購入すれば，航空会社は割引した料金を提示している。また需要が少ないときには価格を下げて，需要が多いときには価格を高く設定して需要を平準化する役割を担っている。

(3) 均一価格

　大学や高校といった教育機関は基本的には均一価格を採用している。この場合，学生は同一の授業料を払う。

3. プロモーション

　サービスの特性は無形であるために，顧客は購入する以前に判断することが難しい。結果として，プロモーション計画はサービスそれ自体を強調するというよりも，サービスから伝達されるベネフィットを描かなければならない。例えばサービスの広告の問題としてジョージ & ベリーは6つのガイドラインを提示している(George & Berry 1981, pp.52 – 56)。

(1) 従業員への広告

　サービスの生産は顧客と接客担当者の相互作用から生じるために，接客担当者の役割は非常に大きい。それゆえ，広告を通じて標的顧客のみならず従業員に対して自社の理念を浸透させ，パフォーマンスの基準を示すことが重要である。

(2) クチコミへの投資

　品質の低いサービスを受けた際に，顧客にとって深刻な結果を招くと予想できるのであれば，顧客はサービス組織を選択するときにはクチコミを重要な判断材料にすることがある。自社にとって評価の良いクチコミを形成するために，満足した顧客のコメントを広告物に掲載するといった手法等がとられる。

(3) 有形の手がかりを提供すること

　消費者はサービス品質についての判断の手がかりとしての有形のモノに注意

を向けがちである。そのためサービス組織は，制服，シンボル，建物，ロゴといった有形のモノを利用することで，サービスそれ自体が提示できないサービス品質の判断材料を提供する。

(4) サービスを理解できるようにさせること

無形性によって，顧客はサービスを把握することが困難であるため，有形のモノを利用することでサービスへの理解を深めることが可能である。

(5) 広告の連続性

例えばディズニーランドのように，提供するサービスについてのシンボル，テーマを継続的に広告することで望まれたイメージを構築して差別化を図っていく。

(6) 実行可能であることを約束すること

サービス広告は非現実的な期待を顧客に抱かせるよりも現実的な期待を促すほうがよい。

4. マーケティング・チャネル

サービスはその特性上，生産と消費を分離できない。したがって，多くのサービスのチャネルは短く単純である。他方で，人がサービス組織とのコンタクトをもつ必要が少ないサービスもある。ラブロック＆ウィルツによれば，サービス提供の場所と，顧客とサービス組織の相互作用の性質から，6種類のサービス提供の場所について指摘している(Lovelock & Wirtz 2011, pp.133-137)(図表2参照)。まず顧客がサービス組織を訪れる場合は，利便性と営業時間が重要な要因となり，提供場所は単独店のように1カ所で提供される場合と，チェーン・ストアのように複数の場所で提供される場合がある。次に，サービス組織が顧客の場所へ出張する場合には，ケータリング・サービスのようなサービスがある。そして顧客とサービス組織が離れた状態でサービスが提供される場合は，顧客が商品を修理センターに送付し，修理された後に返送されるといったサービスやインターネットを通じた情報サービスなどがあげられる。

図表2 サービス提供の場所

顧客とサービス組織の相互作用の性質	サービス提供場所 1カ所	複数
顧客がサービス組織を訪れる	劇場 理髪店	バス輸送 ファスト・フード・チェーン
サービス組織が顧客の場所へ主張する	家の塗り替え 出張洗車サービス	郵便配達 自動車協会のロード・サービス
顧客とサービス組織が離れた状態でサービスが提供される（郵便や電子取引）	クレジット・カード会社 地方テレビ局	全国ネットのテレビ局 電話会社

出所：Lovelock & Wirtz 2011, p.134.

5. 参加者

　参加者とは，サービス提供において役割を果たすすべての行為者，つまり顧客の知覚に影響を与えるものである。例えば，組織の従業員やサービス・エンカウンターにいる他の顧客も挙げられる。接客担当者は顧客に定常的に接触する従業員に限らず，航空会社のカウンターの乗務員，法律事務所の受付であることも考えられる。つまり，接客担当者はサービスの参加者としてサービス生産に関与している。参加者は顧客にサービスを供給し，相互作用する各々の場面を意味するサービス・エンカウンターにおいて重要な要因である。またスイミングスクールのクラス別コースのように，サービス組織は他の顧客と当該顧客が同質的なものになるように顧客をグルーピングする場合がある。

6. 物的要素

　物的要素とは，サービスの生産に関係する物理的なものを意味する。つまり，サービス生産では組織と顧客が相互に作用する環境を意味している。例えば，理容サービスでは椅子，洗面台，鏡などはサービスのパフォーマンスを促進する可視的なものである。また組織の建物，内装，従業員の制服などは，顧客に

とってサービス品質を判断させるための有形の手がかりとなり、プロモーション活動を担う。

7. プロセス

プロセスとは、サービスの実施手順、方針、メカニズムである。どの程度サービス・プロセスに顧客が参加するのか、サービス・プロセスを標準化するのか、カスタマイズするのかを決定するためには活動をフローチャート化することが重要である（浅井 1989, pp.154-161）。こうしてサービスの手順を設計したものはブループリントと呼ばれる（Shostack 1987, pp.34-43）。これはサービスの内容を分解して、サービス提供のプロセス、顧客との接点、顧客と従業員の役割、物的要素を同時に描くことでサービス・プロセスを可視的に示すものである。高級レストランでの食事を顧客の視点から捉えれば、電話予約→受付→注文→食事→会計→見送り、といった一連のフローのようにサービスは諸活動の連続体であることが理解できよう。またサービスを設計する際には、「複合性」と「発散性」の軸を考慮する。複合性とはサービスのフローを論理的に分解したものでる。複合性の軸では補助的サービスを増減することでサービスの内容を決定する。

他方で発散性とは、接客担当者の自由裁量と顧客への個別対応を意味する。発散性が高いと、接客担当者の自由裁量度が高く、サービスはカスタマイズできる。逆に発散性が低いとサービスは画一化されたものが提供される。

こうしてサービス組織のマーケティング管理者は標的市場の変化、競争動向の変化に合わせて 7P を組み合わせていく。

(参考文献)
American Marketing Association (1960), *Marketing Definition : A Glossary of Marketing Terms*, American Marketing Association.
A. Parasuraman, V. A. Zeithaml & L. L. Berry (1988), "SERVQUAL: A Multiple Item Scale for Measuring Consumer Perceptions of Service Quality, " *Journal of Retailing*, Vol.64 No.1 Spring.
B. H. Booms & M. J. Bitner (1981), "Marketing Strategies and Organization

Structures for Services Firms, "J. H. Donnelly and W. R. George (ed), *Marketing Services,* AMA.

C. H. Lovelock & J. Wirtz (2011), *Services Marketing, Seventh Edition,* Pearson International Education.

G. L. Shostack (1987), "Service Positioning through Structural Change," *Journal of Marketing,* Vol.51 January.

P. Kotler (1994), *Marketing Management Analysis, Planning and Implementation, and Control, Eight Edition,* Prentice – Hall.

P. Kotler, T. Hayes & P. N. Bloom (2002), *Marketing Professional Services, Second Edition,* Prentice Hall Press.

V. A. Zeithaml & M. J. Bitner (2000), *Services Marketing, Second ed.,* McGraw – Hill.

W. J. Stanton, M. J. Etzel & B. J. Walker (1994), *Fundamentals of Marketing, Tenth edtion,* McGraw – Hill.

W. R. George & L. L. Berry (1981), "Guidelines for the Advertising of Services, " *Business Horizons,* July – August.

浅井慶三郎(1989)『サービスのマーケティング管理』同文舘。

経済産業省編(2007)『サービス産業におけるイノベーションと生産性向上にむけて』経済産業調査会。

近藤隆雄(2010)『サービス・マーケティング 第2版』生産性出版。

菊池一夫

第8章　地域マーケティング
―地域活性化に地域ブランドが果たす役割―

第1節　地域活性化と地域マーケティング

　最近,「地域を活性化しなければならないが,何をすればよいのか?」という声をよく耳にする。地方の多くの商店街では,「シャッター通り商店街」と揶揄され,人どおりのまばらな商店街も多数存在する。

　では,そもそも地域活性化は,なぜ必要なのであろうか？それは,疲弊する地方経済を立て直し,日本経済を安定成長に向かわせる方策の1つが地域活性化に他ならないためではなかろうか？

　地域資源の有効活用という観点からも地域活性化が必要となる。具体的には,行政,企業,消費者の3つの側面から捉えられる。行政については,地域の観光資源の有効活用や新たな開発に対しての「まちづくり」,「まちづかい」への取り組み支援がある。企業は,地域資源を使った差別化製品の開発を積極的に行っている。具体的に,新潟では,株式会社ごはんが,新潟米(もち米)を活用した「やわらかもち」の開発・販売を行っている。また,消費者は,地産地消,ロハス,スローライフに代表されるようにエコロジーへの意識が高まっている。

　このような地域活性化を行うにあたり,必要な考え方の1つがマーケティング志向を地域活性化に取り入れた「地域マーケティング」である。地域マーケティングは,地域の特性に合わせて市場を細分化し,地域の価値観や歴史・風土にあったマーケティング活動を展開する。

　コトラーらは,地域マーケティングを「まち」のマーケティングと捉え,その目標を「『まち』の能力を高め,市場の変化に適応し,チャンスをつかみ,その

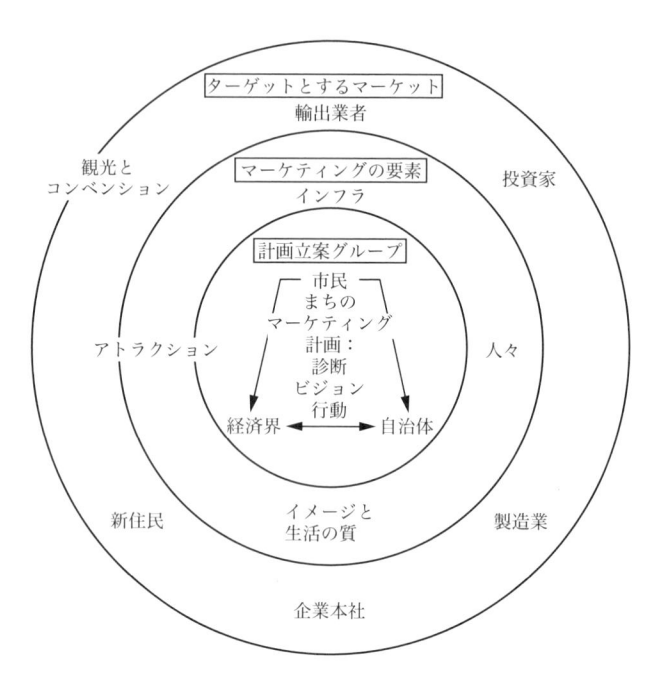

図表1　「まち」のマーケティングのレベル

```
                 ターゲットとするマーケット
                         輸出業者
      観光と                              投資家
    コンベンション      マーケティングの要素
                         インフラ
                      計画立案グループ
                          市民
                       まちの
     アトラクション     マーケティング     人々
                       計画：
                       診断
                       ビジョン
                       行動
                     経済界 ←→ 自治体

       新住民          イメージと         製造業
                      生活の質

                       企業本社
```

出所：Kotler, Haider & Rein, 井関監訳 1996, p.19。

魅力を維持させること(Kotler, Haider & Rein, 井関監訳 1996, p.18)」とした。

　彼らは，戦略的地域マーケティングの主要要素を示している。これによると，まず，市民・経済界・自治体で構成した計画立案グループを作り，「まち」のマーケティング計画を立案する。その際，「まち」の診断，ビジョン策定，アクションプラン作成がなされる。次に，主要なマーケティング要素として，①インフラの整備と基本的サービスの供給，②企業や住民による新しい魅力作り，③「まち」の魅力や生活の質のイメージ形成や対外コミュニケーション活動による宣伝，④一般住民やリーダーおよび各機関の協力を挙げている。最後に，4つのマーケティング要素が「まち」のターゲットとなる製品・サービスの生産者，企業の本・支店，外からの投資や輸出，観光客，新住民の5つの消費者を引きつけ，

満足させることが「まち」の成功を左右する(図表1参照)。すなわち,「まち」の問題や課題を解決することこそ「地域マーケティング」が果たす役割であると説いている(Kotler, Haider & Rein, 井関監訳 1996, pp.18 – 21)。

第2節　地域マーケティングのマーケティング・ミックス

　地域マーケティングを考えるにあたり，その特徴を企業などが市場調査に基づきマーケティング・マネジメントを行う際に実行されるマーケティング・ミックス(製品,価格,販売促進,チャネル)の視点で考えてみる。特に,マーケティング・ミックスは，4Ps理論として広く認知され，地域マーケティングにも応用可能である。

1.　製品（Product）政策
　製品政策では，通常，どのような製品・サービスを扱う事業を展開するか決定される。具体的には，ユニクロでは「高品質・低価格なベーシックウエア」の開発・販売が事業展開の中心となる。

　地域マーケティングでは，地域ならではの商品・サービスの開発・販売が事業の中心となる。具体的には，品揃えの変化や地域限定の商品やサービスの開発・販売および地域ブランドの開発・販売が挙げられる。また，地域ブランドの開発・販売に際しては,地域ブランドの特質,デザイン,ブランド・ネーム,パッケージなどさまざまな要素の検討がなされる。地域ブランドについては，次節で詳しく説明する。

2.　価格（Price）政策
　価格政策では，主に商品やサービスの販売価格が決定される。通常，販売価格は，自社の利益だけでなく，他の利害関係者（流通業者や顧客等）に対する価格の影響も考慮される。

　地域マーケティングでは，地域限定の商品やサービスおよび地域ブランドの

販売価格の策定がなされる。特に，そのような商品やサービスの場合，現地に行かなければ買えない，当該サービスを受けることができないという特質を活かし，希少価値によって高価格設定も可能となる。しかし，高価格政策を採った場合，それに見合う質の保証が重要となり，それらのバランスが考慮されないとブランドの信用を失う危険性もある。

3. 販売促進（Promotion）政策

　販売促進政策では，商品・サービスなどの販売促進活動が行われる。最近では，販売促進活動だけでなくマーケティング・コミュニケーション活動も行われる。企業から消費者への一方通行型の販売促進活動ではなく，企業と消費者との双方向型のコミュニケーション活動として展開される。

　地域マーケティングでは，地域限定の商品やサービス及び地域ブランドのマーケティング・コミュニケーション活動が行われる。特に，コミュニティ発の地域密着型のコミュニケーション活動が有効である。具体的には，地方紙・地方テレビ局などのマス媒体の他，タウン誌，フリーペーパーである。また，双方向型コミュニケーションという観点からは，最近ではツイッター（Twitter）やフェイスブック（Facebook）に代表されるSNS（ソーシャル・ネットワーキング・サービス）なども強力なコミュニティを形成しており，有効な手段となる。

　さらに，複数の媒体を組み合わせて効率的にコミュニケーション活動を行うこと（メディア・ミックス）で商品・サービスの認知度向上や購買促進に役立たせる統合型マーケティング・コミュニケーション（IMC）も有効である。

4. チャネル（Place）政策

　チャネル政策では，製造業は，自社製品をどのような流通チャネル（経路）を通じて販売するのかといった流通経路の選択・決定及び店頭での陳列スペースの確保を行う。その際，製造業は，自社のチャネル・パワーを活用し，如何に「売れるスペース」を確保するかが課題となる。一方，小売業は，どのような店舗をどこに進出するかといった業態開発と立地選択を行う。

地域マーケティングにおいては，地域限定の商品やサービスおよび地域ブランドをどこで販売するかが焦点となる。具体的には，農産物の直売所やアンテナショップ，道の駅といった地域のコミュニティ・スペースを多く活用する。

また，地域マーケティングは，地域を単位とするため，ロジスティックス(企業が行うモノの輸送と保管に関わる活動全般の総称)の構築により，生産から消費までのトータルな効率性を追求しなくてはならない。

第3節　地域活性化に地域ブランドが果たす役割

地域を活性化させる方策の1つとして注目されるのが，地域ブランドである。ブランドの概念を「自社の商品・サービスおよび自社自身を競合他社のそれと区別するためのネーム，コンセプト，ロゴタイプ，シンボルマーク，デザイン，カラーなどの総称あるいは組み合わせ」と捉えるなら，地域ブランドは，「地域資源を活かした商品やサービスを競合する他の商品やサービスと区別するためのネーム，コンセプト，ロゴタイプ，シンボルマーク，デザイン，カラーなどの総称あるいは組み合わせ」と捉えられる。

また，地域ブランドとは，「地域資源を利用した地域発のブランドを利用し，①買いたい(特産品)，②行きたい(観光)，③交流したい(産業・商業)，④住みたい(暮らし)を実現しうる地域の有形・無形の資産を人々に有用な価値へと結びつけ，それにより地域活性化を図ることであり，競合する地域の差別化を意図した名称，言葉，シンボル，デザインあるいはそれらの組み合わせ(伊部2010，p.68)」と捉えられる。つまり，地域ブランドは，地域の有形・無形の資産を人々に有用な価値へと結びつけることで地域活性化につなげるものである。

そこで，地域活性化に地域ブランドが果たす役割を1，地域資源を利用した地域発のブランド構築とマネジメント，2，地域そのもののブランド化，3，地域発のブランド，地域そのもののブランド化を通じての地域活性化という3段階から捉えてみる。

1. 地域資源を利用した地域発のブランド構築とマネジメント

　地域ブランドの存在意義は何であろうか？ それは，地域資源の付加価値を高めることで観光や暮らしの観点から他の地域との違いを創造するためのものである。また，地域の観光や物産を全国に売り込むためには，地域全体のよいイメージが重要であり，地域資源や既存の地域発のブランドを組み合わせてストーリー性をもたせるなどの付加価値をつけ，総合的にブランド展開をしていく必要がある。具体的には，地域団体商標制度を利用する若狭塗箸，新潟清酒，新潟茶豆等や地域ブランドとして定着している夕張メロン，魚沼産コシヒカリあるいは，B級グルメで一躍有名となった富士宮やきそば，宇都宮餃子，三条カレーラーメンなどが該当する。

　このような地域発のブランドを構築し，マネジメントする場合，地域資源の有効活用と当該ブランドの責任所在の明確化が重要となる。地域資源の有効活用という観点からは，既存の特産物や産業以外に新たな地域資源の発掘や開発が重要となる。また，その際にある種のストーリーが描けるようなブランド・コンセプト創りが大切であり，地域住民がどれだけブランディングに関わるかが課題となる。

　責任所在の明確化という観点からは，地域発のブランドの管理者・責任者は誰なのかが明確でないとブランドの信頼性や安心感が形成されにくい。そのため，当該ブランドの権利主体者(団体)を明確にするとともに，地域住民，地方公共団体，権利主体者の三者が協力して地域発のブランド・コンセプトを共有し，広報していくとともに，地域発ブランドを戦略的に構築するモデル作りが必要となる。

2. 地域そのもののブランド化

　地域発のブランドを統合する役割を果たすブランドが地域そのもののブランド化である。京都ブランド，新潟ブランド，福井ブランドといった各都道府県を統括するブランドもあれば，もう少し広域な東北ブランド，北陸ブランド，関西ブランド等ブロック単位もある。逆に，各都道府県を細分化した地域とし

第 8 章　地域マーケティング ―地域活性化に地域ブランドが果たす役割―　*131*

て新潟では，上越，中越，下越，福井では，嶺北，嶺南といった括りでのブランド化や各都市のブランド化，具体的に新潟では，加茂，三条，五泉などのブランド化もある。どのレベルでブランド化するかは，責任主体である地方自治体や各種団体に依存し，そのレベルは多様化している。

　そこで，地域そのもののブランド化手法を「ふくいブランド」の事例から考えてみる。「ふくいブランド」は，個々の地域ブランドから連想され，また，幾重

図表 2 「ふくいブランド」の構築手法

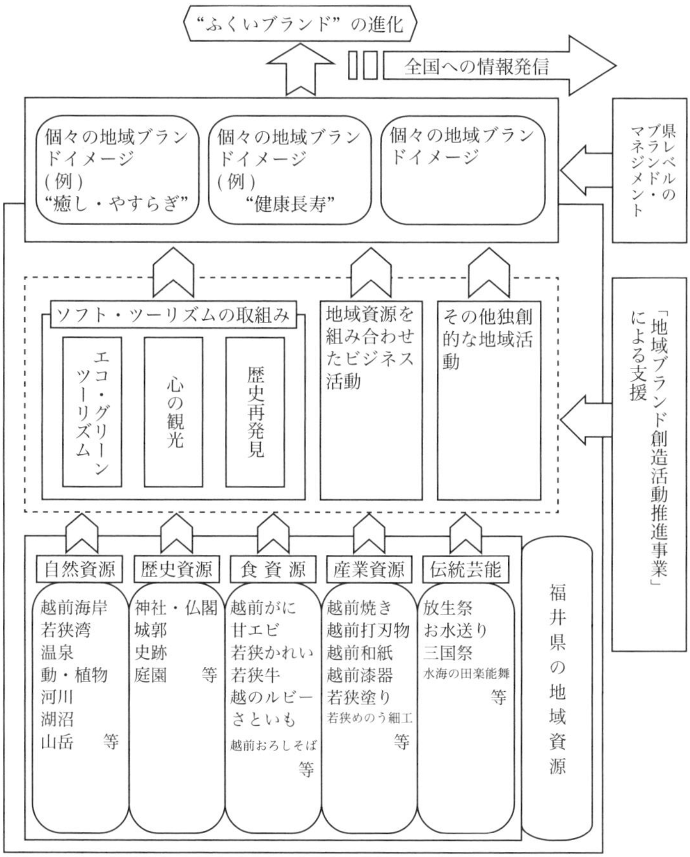

自然資源	歴史資源	食資源	産業資源	伝統芸能
越前海岸 若狭湾 温泉 動・植物 河川 湖沼 山岳　等	神社・仏閣 城郭 史跡 庭園　等	越前がに 甘エビ 若狭かれい 若狭牛 越のルビー さといも 越前おろしそば　等	越前焼き 越前打刃物 越前和紙 越前漆器 若狭塗り 若狭めのう細工　等	放生祭 お水送り 三国祭 水海の田楽能舞　等

出所：福井県総合政策部政策推進課ふくいブランド推進室編 2006, p.4。

にも重なり合い集結された福井県全体のブランド・イメージを凝縮したものであり,「健康長寿」がキーコンセプトとなっている(福井県総合政策部政策推進課ふくいブランド推進室編 2006, p.3)。

また,越前漆器,越前竹人形,若狭かれい,越前瓦,若狭塗箸,越前織,越前和紙等といった地域発のブランドは,地域団体商標登録査定済ブランドとなっている。そのような個別の地域発ブランドを「ふくいブランド」という地域そのもののブランドで括り,ブランド構築を行っている。

「ふくいブランド」の構築手法は,福井県の地域資源である自然資源,歴史資源,食資源,産業資源,伝統資源を活用し,エコツーリズムや心の観光,歴史再発見といったソフトツーリズムの取り組みや地域資源を組み合わせたビジネス活動,その他独創的な地域活動などについて,県が「地域ブランド創造活動推進事業」として支援することで,個々の地域ブランド・イメージを構築し,県レベルでのブランド・マネジメントを行うことで「ふくいブランド」を進化させ,全国への情報発信を行う取り組みである(図表2参照)。このような取り組みは,地域資源を利用した地域発のブランドを地域そのもののブランド化に役立てる1つのモデルとして参考になる(伊部 2009, pp.9 – 11)。

3.　地域発のブランド,地域そのもののブランド化を通じての地域活性化

　地域発のブランドや地域そのもののブランド化を通じて如何に地域活性化を図ればよいのか？その答えの1つに地域ブランドの存在意義の見直しがある。では,地域ブランドはなぜ存在するのであろうか？それは,地域資源の付加価値を高めることで観光や暮らしの観点から他の地域との違いを創造するためである。また,地域の観光や物産を全国に売り込むためには,地域全体のよいイメージが重要であり,地域資源や既存の地域発のブランドを組み合わせてストーリー性を持たせるなどの付加価値をつけ,総合的にブランド展開をする必要がある。

　また,地域活性化に地域ブランドが大きな役割を果たすために,住民のみならず広く当該ブランドを知ってもらう必要がある。そこで,「ふくいブランド」

では，東京・南青山にあるアンテナショップ「ふくい南青山291」を利用し，都心でのブランド浸透戦略を行っている。

しかし，地域ブランドが地域活性化の"橋渡し"的役割を果たすには，多くの課題もある。その課題として「ふくいブランド」では，①地域住民の主体性，創造力の発揮，②活動の中核を担う「人材」の発掘・育成，③継続性の原動力となる「ビジネス」の視点，④「マーケティング手法」の導入，⑤地域資源の「選択と集中」，⑥「付加価値」の付与，⑦「ソフト面」の重視，⑧双方向の「コミュニケーション」，⑨地域コンセプトの「一貫性」，⑩行政による地域全体の「マネジメント」といった課題を挙げている（福井県総合政策部政策推進課ふくいブランド推進室編 2006, pp.6-7）。特に，地域住民や観光客やビジネスで訪れる人などの交流が重要となる。そのためには，関係者すべてが地域ブランドを通じて交流できるビジョンを実現する地域活性化モデルの構築が急務である。

第4節　まとめと課題

本章では，地域マーケティングについて，概念やマーケティング・ミックスの視点から明らかにした。また，地域活性化に地域ブランドが果たす役割の視点から地域マーケティングについての方法論を述べた。

地域マーケティングは，地域活性化に必要不可欠な考え方や手法であり，そのなかでも地域ブランドの役割が重要である。しかし，地域活性化において有効利用するために地域ブランドの存在意義の確立や地域ブランドを地域活性化につなげるモデルの構築が課題となっている。

また，八塩圭子は，日経MJのコラムの中で「B-1グランプリ」を経済効果だけでなく"地域ブランド"のマーケティングとして捉えると，グランプリを獲得した"地域ブランド"は，如何にブランドとして消費者心理に植え付け，商標管理も行うことで「全国区展開で収益は地元に入る」長期的で街が潤う仕組みつまり優勝を街の求心力に転化できるかが課題であると指摘している。また，「B-1グランプリ」を「経験価値マーケティング」の場と捉えるなら，ご当地の名

物を何種類か食べてもらいグランプリ選定に関わる「経験」を通しておいしい,楽しいという「感覚」を呼び起こしてもらう意味において各地方の良さを体験してもらうマーケティングの場となることを指摘している（八塩 2010, p.5)。つまり，地域ブランドを活用して地域経済の活性化を図る求心力にすることが重要であり,地域ブランドを広く浸透させる"イベント"によって地方の良さを体験できる「経験価値マーケティング」を実践していく場の提供が必要である。そのような意味においても地域マーケティング志向が求められている。

(参考文献)

P. Kotler, D. Haider & I. Rein (1993), *Marketing Places*, The Free Press, N. Y..（井関利明監訳 (1996)『地域のマーケティング』東洋経済新報社)。
伊部泰弘 (2010)「地域ブランド戦略に関する一考察－地域団体商標制度を中心とした事例研究－」『新潟経営大学紀要』第 16 号。
伊部泰弘 (2011)「地域活性化における地域ブランドの役割」『新潟経営大学紀要』第 17 号。
伊部泰弘 (2011)「マーケティング」伊部泰弘・今光俊介編著『現代社会と経営』ニシダ出版。
福井県総合政策部政策推進課ふくいブランド推進室編 (2006)『福井県地域ブランド創造活動推進事業の手引き』。
八塩圭子 (2010)「マーケティング 八塩圭子ゼミ」『日経 MJ』9 月 27 日。

伊部泰弘

第9章　貿易マーケティング

第1節　はじめに

　自国での商品の輸出入を対象とするマーケティングを貿易マーケティング，生産拠点の諸外国への進出に伴うグローバルなマーケティングを国際マーケティングとして定義されている(石田 1974, p.41; 中野 1999, p.23)。

　ここでは商品の輸出入を対象とする貿易マーケティングを取り扱う。貿易は，国を異にする商品の売買であり，国内取引と同様に商品の取引である。ただ外国との取引ということで，余分な経費が掛ったり，決済に用いられる通貨が異なったり，政府の干渉が形を変えて存在するなどの貿易固有の条件はあるが，それ以外は国内取引と変わるところはない。

　国内取引における一般的な商品の流れをみると，工場や農園で生産された商品は，地方や都市にあるさまざまな問屋(卸売業)を経て，多数の小売店(スーパー・百貨店・コンビニ・専門店等)の店頭に並び，消費者によって購入されていく。

　貿易取引における一般的な商品の流れも，基本的には国内と変わるところはない。輸出の場合は，通常，商品は国内にいる生産者および輸出業者(卸売業者)の手を経て，外国にいる輸入業者(卸売業者)や小売店，消費者へと流れていく。クラークのマーケティングの取引機能(Functions of Exchange)は，商品が生産者から消費者または産業ユーザーにいたる過程で取引(購買・販売)される局面での働きとして捉えられている (Clark 1922, p.11)。これを法的な側面から捉えると，売主から買主への権利・義務移転関係として把握され，貿易商務論においては特に貿易売買論として独立的地位を与えられてきた。マーケティングの取引機能の分析にもとづき，取引は売主から買主への「売込み」(Selling)であ

るから，貿易取引も貿易マーケティングとして把握できる(中野 1999, p.32)。

　貿易マーケティングは，輸出マーケティングと輸入マーケティングを包含する。輸出取引では，市場が外国市場ということで，国内の市場とはニーズ，文化，経済的背景などが異なっているが，市場自体は広範囲にわたり，大きな可能性を秘めている。しかしながら外国市場の十分な情報を入手することは困難な場合が多い。そこで徹底したマーケット・リサーチ（市場調査）を実施し，外国市場のニーズを把握して，自国の製品を外国市場に売り込むかが輸出マーケティングの目的となる。

　一方，輸入取引では，マーケット・リサーチを行い，国内市場におけるニーズを把握し，これに適応した外国製品を国内市場に販売していくことが輸入マーケティングの目的である。

　本章では，輸出マーケティングを中心に述べていく。

第2節　マーケット・リサーチ

　一般に貿易取引が開始されるまでには，輸出者と輸入者は一連のプロセスを経なければならない。貿易契約はこのような契約締結までのプロセスを経て，最終的には売手（Seller）と買手（Buyer）の意思の合致により契約が締結される（図表1参照）。

　一般に貿易契約と呼ばれる契約は，法的には売買契約であり，国内取引でも国外取引でも基本的には変わりはない。この貿易契約は，意思の一致で成立する諾成契約である。後日の当事者間のトラブルを防ぐために契約書（Contract Sheet）を作成するのが一般的である。

　貿易契約の締結に向けて，事前に取引相手国のマーケット・リサーチ（市場調査）を行ったり，商品を市場に適応させるための計画や準備をし，相手先の信用調査にもとづいて取引交渉を行うことが貿易マーケティングのポイントとなる。

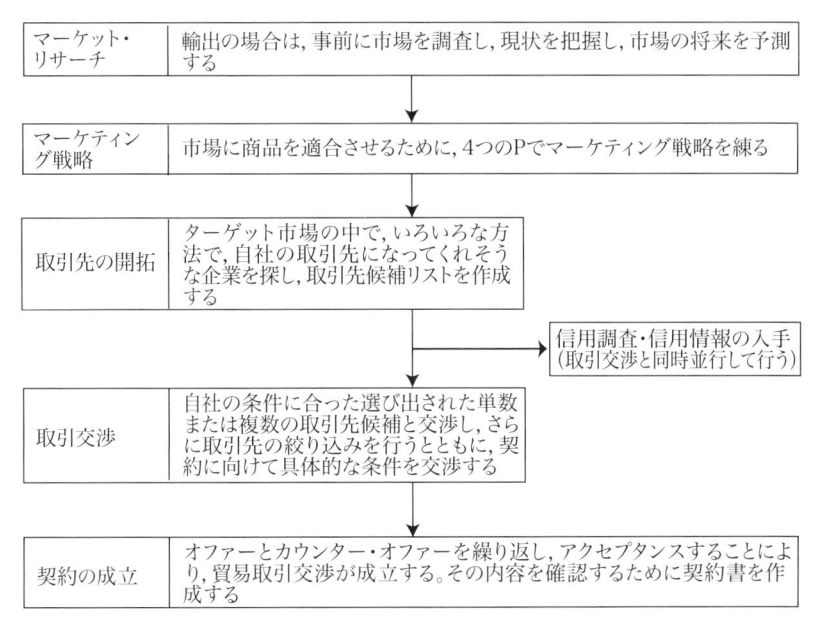

図表1　貿易契約成立までのプロセス

マーケット・リサーチ	輸出の場合は，事前に市場を調査し，現状を把握し，市場の将来を予測する
マーケティング戦略	市場に商品を適合させるために，4つのPでマーケティング戦略を練る
取引先の開拓	ターゲット市場の中で，いろいろな方法で，自社の取引先になってくれそうな企業を探し，取引先候補リストを作成する
取引交渉	自社の条件に合った選び出された単数または複数の取引先候補と交渉し，さらに取引先の絞り込みを行うとともに，契約に向けて具体的な条件を交渉する
契約の成立	オファーとカウンター・オファーを繰り返し，アクセプタンスすることにより，貿易取引交渉が成立する。その内容を確認するために契約書を作成する

（取引先の開拓から分岐）→ 信用調査・信用情報の入手（取引交渉と同時並行して行う）

出所：筆者作成。

　輸出の場合も輸入の場合も初めて貿易取引を行う時には，貿易対象商品が輸出先地域または輸入先地域として適切かを調べることが重要である。特に自社の製品を海外に輸出しようとする場合は，外国市場は国内市場と違い，文化や政治経済情勢やニーズなどが異なり，また輸出先の貿易為替規制がある場合もあるので事前にマーケット・リサーチが必要である。

　マーケット・リサーチを十分に実施することにより，商品の適応性や輸出相手国の法令に何らかの規制はあるのかなどの項目を調査する（図表2参照）。

　市場調査の方法は，自ら一般的な情報をインターネット等を利用して収集することも可能であるが，本格的な情報収集は，専門の調査会社（Credit Agency）や調査機関（JETRO等）を活用したり，実際に現地に行き，調査が必要である。

図表2　マーケット・リサーチの項目

調査項目	調査内容
地理・文化	気候, 慣習, 社会構造, 宗教, 人種等
社会情勢	人口, 教育水準, 所得水準等
政治・経済	政治形態, 国内総生産(GDP), 経済成長率等
法律・条約	FTA, EPA, 関税法規, 税制等
産業	産業構造, 資源開発, 人的資源等
運輸・通信	港湾, 空港, 鉄道, 道路交通, 通信回線等
財政・金融	財政力, 金融機関, 金利, 資金調達等
通商政策	貿易管理, 為替管理等
流通	流通チャネル, 通関方法, 商慣習等
競合状況	地場商品, 海外からの輸入品等

出所：筆者作成。

第3節　貿易マーケティング戦略

　マーケット・リサーチを通して，海外市場を徹底的に調査し，現状を把握した後は，海外市場のニーズに合う商品をいかに提供していくかが戦略上重要となる。

　これを実現するために，マーケティング戦略上，どのような商品（Product）を，どんな価格（Price）で，どの流通システム（Place）を使って，ターゲットに向けて売り込む（Promotion）かを考えなければならない。これらの戦略上の4つの要素は，マッカーシーの4Pと呼ばれている（McCarthy 1960, p.45）。貿易マーケティング戦略を展開する上では，商品計画（Product），価格設定（Price），流通（Place），販売促進（Promotion）の4Pを輸出相手国の状況に応じて効果的に組み合わせていくことが重要である（図表3参照）。この4Pを貿易相手国・地域の実情に合わせて効果的に組み合わせることをここでは貿易マーケティング・ミックスと呼ぶ。

　商品計画（Product）では，製品仕様（形状，機能，性能，操作方法，使用する部品，

採用する規格)を中心に検討する。製品仕様のアウトラインは,カタログなどに仕様書として掲載されており,ユーザーが製品を購入する際の判断基準になる。貿易マーケティングでは,下記の3つの製品仕様を検討する必要がある。

①自国の製品仕様にする
②取引相手国または地域(EU仕様など)の製品仕様にする
③国際標準の製品仕様にする

価格設定(Price)では,コストプラス方式を基準に採算性を確保しながら,下記の状況等を考慮して戦略的に決定する。

①商品の需要見通し(トレンド)
②商品のライフ・サイクルの長短
③商品の競合状況(地場商品・他国からの輸入商品等のライバル商品)
④交渉力

流通(Place)では,流通チャネルを検討する。まず商品を輸出する場合に,自社で直接輸出するのか,専門の商社を通じて間接的に輸出するのかを検討しなければならない。同時に輸出後の商品の流れを売主(輸出者)は事前に検討しておかなければならない。これは自社製品の値崩れ防止,信用力・品質・ブランドの維持を図る必要があるからである。チャネル政策には,開放的チャネル政策,選択的チャネル政策,排他的チャネル政策がある。商品や販売方法によってどの政策を採用するかを検討しなければならない。商品によっては流通業者を限定し,売主(輸出者)のコントロールを強めておく必要がある。また輸送に関してもどのような輸送手段でどのような経路で輸送するのかを検討しておかなければならない。

販売促進(Promotion)では,自社製品に対する意識や関心を高め,購買を促進させるために,広告や宣伝,販売方法を検討する。プロモーションの手段としては,主に広告,販売促進のインセンティブや褒賞,Webサイトや E メール,販売員,PR などが用いられる。

図表3　貿易マーケティングの流れ

```
┌─────────────────────────────────┐
│      マーケット・リサーチ          │
│     （海外市場のニーズ発見）        │
└─────────────────────────────────┘
              ↓
┌─────────────────────────────────┐
│     貿易マーケッティング・ミックス    │
│  （貿易相手国に合わせた4Pの効果的な組み合わせ）│
│        Product（商品計画）         │
│        Price（価格設定）           │
│        Place（流通システム）        │
│        Promotion（販売促進）        │
└─────────────────────────────────┘
              ↓
┌─────────────────────────────────┐
│        海外市場への適合化          │
│           （商品化）              │
├─────────────────────────────────┤
│          取引先選定              │
│    （取引先候補の信用状態の調査）     │
└─────────────────────────────────┘
```

出所：筆者作成。

第4節　信用調査

　貿易取引は異国間売買であり，取引金額も高額となる場合が多く，文化や商慣習が異なることから，取引先の選定は慎重に行わなければならない。そこで取引先候補が絞られたならば，その信用状態を照会し，取引先として適切か否かを判断する。

　信用調査(Credit Inquiry)の方法は，下記の3つに分類される。

①バンク・リファレンス(Bank Reference)
・銀行に照会する
②トレード・リファレンス(Trade Reference)
・取引先候補の取引先や同業者に照会する
③クレジット・エジェンシー(Credit Agency)

・商業興信所に調査を依頼する(ダン社の報告書はダン・レポートとして有名)
取引先候補の信用調査の内容は，下記の3つのCをチェックする。
① Character(ビジネスに対する相手方の品格、信用)
・契約の履行性，誠実性
② Capital(資産，財政状態)
・貸借対照表(B/S)，損益計算書(P/L)等の分析
③ Capacity(営業能力)
・実績(販売力)，経験，取引量等

上記の3つのCは，一般に信用調査の3C (3C's of Credit)と呼ばれ，信用調査を行う上で重要なポイントとなっている。

信用調査が行われると，その結果としてさまざまな信用情報(Credit Information)を得る。信用調査の具体的内容は，下記の通りである。

①設立年月日(社歴)
②業種
③役員名
④取引銀行および取引年月日，取引量，決済状況
⑤正味資産
⑥従業員数
⑦業界における地位(規模)
⑧経営者とそのプロフィール
⑨収益力
⑩財務内容(B/S，P/L等)
⑪営業方針
⑫将来性(営業の伸び)
⑬業界内および取引先における評判
⑭総合信用度

第5節　貿易取引交渉と契約の成立

　マーケット・リサーチを行い，貿易取引先候補が絞られると，輸出者は信用調査と並行して，取引交渉を始める（図表4参照）。一般に輸出者は，その取引候補先に勧誘のメールやカタログを送付する。取引交渉は，必ずしも輸出者から勧誘するとは限らない。輸入者が，相手企業の製品を国際見本市で見たり，ホームページを閲覧することにより，輸入者から引合いが来る場合もある。ここでは輸出者側が勧誘をして取引交渉を始めるケースを紹介する。

　取引交渉は，売手（輸出者）から取引候補先に積極的な売込みを図る。これは勧誘（Proposal）と呼ばれている。外国の商工会議所などへ紹介依頼状を送付したり，海外業界誌などへの広告掲載で見つけた有力な取引候補先へカタログなどを送付して，相手方の引合いを誘い出すような勧誘を行わなければならない。

　買手（輸入者）は，売手の勧誘を受けて，興味を喚起した場合には詳細な問い合わせをする。これは引合い（Inquiry）と呼ばれている。具体的には価格，見積り，サンプルの要求，供給数量，積出し可能月等の問い合わせである。

　買手からの引合いに応じて，売手が具体的な取引条件の提示を行うことをオファー（Offer）と言う。特に売手から買手に行うオファーを Selling Offer（売り申込み）と言い，買手から売手に対して行うオファーを Buying Offer（買い申込み）と言って区別している。売手は，商品の品質，規格，数量，価格，納期，支払条件等の具体的な取引条件を買手に提示する。

　売手からのオファーを買手が無条件に承諾すれば契約が成立するが，実際には取引条件の一部修正や変更（例えば値引き等）を求めてくることが多い。このように取引条件の一部修正や変更をした買手から売手へのオファーをカウンター・オファー（Counter Offer）と言う。このカウンター・オファーは反対申込みとも呼ばれ，元のオファーは拒絶されて，新たなオファーとなる。カウンター・オファーは，買手から売手に対して行われることもあるし，売手から買手に対して行われることもある。このカウンター・オファーは，双方で繰り返され，取引条件

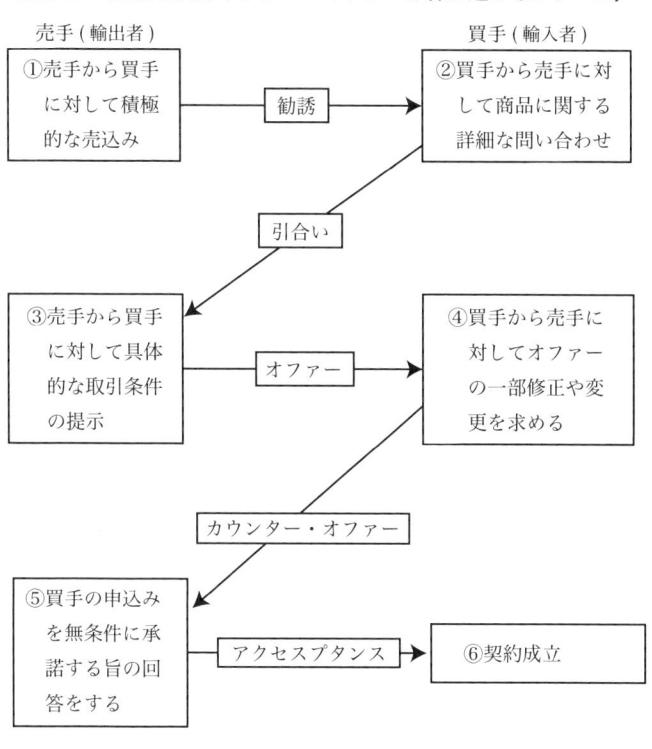

図表4　取引交渉(カウンター・オファーが繰り返さないケース)

売手(輸出者)　　　　　　買手(輸入者)

①売手から買手に対して積極的な売込み　──勧誘──▶　②買手から売手に対して商品に関する詳細な問い合わせ

　　　　　　　　引合い

③売手から買手に対して具体的な取引条件の提示　──オファー──▶　④買手から売手に対してオファーの一部修正や変更を求める

　　　　　　　　カウンター・オファー

⑤買手の申込みを無条件に承諾する旨の回答をする　──アクセスプタンス──▶　⑥契約成立

出所：筆者作成。

の歩み寄りにより，妥協点を見出し，相手方の無条件の承諾(Acceptance)により契約は成立する。しかしながらカウンター・オファーが，双方で繰り返されても取引条件の歩み寄りができず，商談が成立しない場合もある。

　オファー（申込）は，回答期限を限定したファーム・オファー（Firm Offer=確定申込み）が一般的である。オファーが相手方に到着してから，回答期限までの間は申込者はその内容変更や取消しを行うことはできない。

　さらにオファーをする際に，当該商品の特殊性にもとづき，さまざまな条件が付加されることがある。下記にその特殊な条件が付加されたオファーを紹介する。

①先売り御免条件付オファー(Offer Subject to Prior Sale)

　商品数が限定されている時に，買手の承諾前に商品が売り切れてしまった場合は，買手の承諾内容のすべてが実行できないことがあるとの条件を付けたものである。すなわち相手方の承諾前に商品が売れてしまった場合に，オファーの効力は消滅するという条件付のオファーである。

②サブコン・オファー(Offer Subject to Seller's Final Confirmation)

　買手の承諾があった場合でも，直ちに契約が成立するのではなく，承諾に対する売手の最終確認があって初めて契約が成立するという条件を付けたものである。

③価格不確定オファー(Offer without Engagement)

　市場価格の変動に伴い，予告なしに価格を変動できるという条件付のオファーである。このオファーはいつでも価格条件を変更できるという売手側のメリットはあるが，オファーとしての価格確実性に欠け，実質的な意味を持ち難い。

　オファーは，一般的には回答期限が明示されているファーム・オファー（確定申込み）を採用している。回答期限が明示されていない場合は，後日紛争を生じる可能性があり，当事者は回答期限が明示されていないオファーの使用は避けるべきである。

　またファーム・オファーの場合でも，回答期限に関して，発信主義と到着主義があり，回答期限が発信日を示すのか，あるいは着信日を示すのかを明らかにしておくことが，後日のトラブルを回避するためにも必要である。承諾（アクセプタンス）の効力発生時期（新堀 1988, p.31）に関しては，国によっても異なるし，下記の通知方法（伝達手段）によっても異なるので注意を要する。申込者は努めて申込者への到着（到着主義）をファーム・オファーの条件として明記すべきである。

　この承諾は，いろいろな方法で相手方に通知することができる。例えば口頭でも電話，Eメール，ファックス，手紙でも有効である。最近ではEメールがよく利用されている。後日の紛争を回避するために，意思・内容を明確にする

ため，できるだけ口頭での承諾は避け，文書記録が残る方法を採用すべきである。

　注文(Order)は，一般に売手のオファーに対する買手の承諾を意味している。売買契約は売手と買手との意思表示の一致により成立するが，契約が成立すれば，後日の紛争を防止するために，契約成立の根拠として，契約書（Contract Sheet）を作成する。後日の紛争を回避するために2通作成して，両者の署名を交わして，売手と買手が各1部ずつ保管する。売買内容が複雑でない場合には，契約の形式として買手により作成される注文書（Order Sheet, Purchase Note），売手により作成される注文請書(Sale Note)が使用される。

（参考文献）
E. J. McCarthy (1960), *Basic Marketing : A Managerial Approach*, Richard D. Irwin, Inc.
F. E. Clark(1922), *Principles of Marketing*, Macmillan.
L. R. Dlabay & J. C. Scott (2011), *International Business*, South – Western Cengage Learning.
石田貞夫(1974)『貿易マーケティング』白桃書房。
小林 晃・石原伸志・小林二三夫・西 道彦・藤田和孝(2011)『ベーシック貿易取引 新版』経済法令研究会。
柴原友範・江尻武之・石川雅啓（ジェトロ）編(2008)『実践貿易実務 第9版』日本貿易振興機構。
新堀 聰(1988)『実践貿易取引』日本経済新聞社。
西 道彦(2003)『貿易取引の電子化』同文舘出版。
津田 昇(1968)『輸出マーケティング』東洋経済新報社。
中野宏一(1999)『貿易マーケティング・チャネル論 第4版』白桃書房。
日本貿易実務検定協会(2011)『貿易実務ハンドブック ベーシック版』中央書院。

西 道彦

第10章　医療マーケティング

第1節　マーケティングと医療

　近年のマーケティングの定義についてみると，2004年にAMA(アメリカマーケティング協会)は，「マーケティングとは，組織とその利害関係者の利益となるように，顧客にとっての価値の創造・伝達・流通を行い，そして顧客との関係を管理するための組織的な機能や一連の過程である（高嶋・桑原 2008, p.5）」としている。また，2007年のAMAの定義では，「マーケティングとは顧客，依頼人，パートナー及び社会全体にとって価値あるものを創造し，コミュニケーションを行い，送り届け，交換する活動，一連の制度およびプロセスである（片山 2011, p.121）」としている。このようにマーケティングは価値の創造，提供，受領に関わる問題である。創造され提供される「もの」は，形のある物つまり製品だけではなく形のないサービスも含まれる。そして創造された「もの」（価値が付加された「もの」）は，それを提供する者に目的を達成させ，それを提供される者に満足を与える。実際には提供する側は企業などの組織であり，提供される側は顧客である。一般の売買の場合，企業は製品を作り提供する。その製品を欲しいと思った顧客が購入し，使ってみて良ければ満足をし，再度その企業の製品を購入する。これにより企業は売り上げを伸ばし，企業の目的を達成する。このように，その製品は顧客に満足を与え，企業の目的を達成させ，社会全体にとって価値あるものである。

　企業などの組織から提供される価値ある「もの」(製品やサービス)は顧客が満足する「もの」でなければならない。顧客が満足する「もの」でなければ企業などの組織の目的を達成できない。この狭い意味において，マーケティングは企業

などの組織が顧客に満足を与える「もの」を提供し，目的を達成していく活動であるといえる。それでは医療の場合を考えてみよう。

医療は人にとって必要不可欠なものである。人は皆いつまでも元気で長生きをしたいと願っている。身体上の不自由や苦痛のみならず精神的な不快や苦痛も避け，日々心身共に健康で快適に過ごしたいと思っている。しかし，常に健康を持続できるとは限らない。患者は一刻も早くその痛みや不快感から解放され，元の生活に戻りたいと強く願い，医療を購入する。

病院や診療所といった医療機関は患者に対して，診察や検査，投薬などの医療を提供し，患者の病気やケガを治し，人々の健康を維持・回復させることを目的とした組織である。もちろん，医療の提供の代償として診療報酬を受け取り（わが国の場合，診療報酬は患者の一部負担と健康保険からなる），医療機関は収入を得る。

つまり，医療を受ける患者は健康を取り戻して満足を得る。これに対し，医療機関は医療の提供により人々の健康を維持・回復させるという目的を達成し，経済的に存続できる。

このように，医療は先の述べたマーケティングの定義の中の価値ある「もの」であり，それを提供する組織は医療機関であり，それを受け取る（購入する）者は患者である。医療機関が提供する医療が価値ある「もの」でなければ患者を満足させることができないし，医療機関も目的を達成することができず存続もできない。

すなわち，医療機関が価値ある医療を提供することによって，患者の満足を得，医療機関の目的を達成し存続していくためにマーケティングは必要不可欠である。

第2節　医療サービス

1.　医療とは

わが国には医療サービスの提供に関する法律として「医療法」がある。医療法はその第1条において，同法の目的が，医療を受ける者の利益の保護および

良質かつ適切な医療を効率的に提供する体制の確保により，国民の健康の保持に寄与することを明記しており，この目的を達成するために必要な事項を定めている。また，この法律は医療の提供に関して，その目的，提供者と受領者の関係，提供の方針，内容，そして，医療サービス提供の場所，およびその方法について定めている。しかし，法律により，医療とは何かについて定義がなされていない。

では，医療とは何であろうか。医療とは狭義には診療(Medical Care)であり，広義には健康に関わるお世話のすべて（Health Care）である。反対に，Health Care を和訳すれば，療養となり，保健，医療，福祉を含む広い意味になる。また，療養は急性期と慢性期，短期と長期，介護の一部を含んでおり，まさに Health Care と同じ意味で用いられる(飯田 2003, p.16)。

医療には以下の6つの特性がある。

① 個別性

サービス業の特徴として，サービスの提供と利用が同時に行われる。また，利用者の要望や状況は一律ではなく，個別の対応が求められる。医療においては，検診をのぞいて，その傾向が顕著であり，大量生産と異なる部分である。

② 緊急性

検診や慢性疾患であれば，予定が立つ(待機)が，急性疾患や慢性疾患の急性増悪の場合には，緊急の対応が必要である。しかし，緊急の必要性があったかどうかは，診察および経過観察の結果，事後に判明することが多い。

③ 地域性

病院は，一般的には周辺の地域の住民を対象にして運営されており，きわめて地域性が高い。例外を除いて，患者が外国から来院することはなく，病院が外国に出かけていくこともない。

④ 不確実性

医療の対象(患者)は，元来，苦痛や障害等の不具合をもち，加齢および終局的な死はまぬがれない。さらに，生体の反応は常に変化し，その様相は個体ごとに異なるという特徴がある。不確実性こそが，医療の重要な特徴である(飯田・

田村・丸木 2005, pp.13 - 14)。

⑤ 科学性

医療は安全性や有効性が明確なものであり，科学的に解明されたものでなければならない。

⑥ 侵襲性

医療行為とは，生体に侵襲を与えることである。侵襲とは，物理的，化学的，心理的刺激であり，身体へのストレスである。全ての医療が完璧に安全ではなく不完全なものもある。しかも，医療は，元々身体に不具合を持つ者を対象としている。不具合とは，疾患，老化，障害，欠陥，不安，苦痛等である。

不具合をもつ者に対して侵襲を与えるのであるから，細心の注意をはらわねばならない(飯田 2003, pp.16 - 18)。

これらをふまえて，医療の目的とその特徴から考えると，医療サービスとは，病気やケガを治療し患者の身体的苦痛および精神的苦痛を軽減・除去し健康を回復させ，患者の社会活動への復帰を援助すること目的とする総合的活動である。

2. 医療サービスの構成要素

医療機関が患者に提供する医療サービスという商品の中身をみてみよう。医療サービスは，患者の疾病やケガを治すために医師などの医療スタッフが提供する「治療サービス」と，患者に医療施設の中でさまざまな便宜などをはかるために非医療スタッフが提供する「利便性・快適性に関するサービス」によって構成される。

治療サービスは「医学専門技術的サービス」と「治療関連サービス」により構成される。さらに医学専門技術的サービスは「診療サービス」と「診療情報サービス」により構成される。この医学専門技術的サービスの提供者は医師(歯科医師を含む)でなければならない。

治療関連サービスは医学専門技術的サービスの周辺にあり，医学専門技術的サービスと密接に結びついているサービスである。治療関連サービスとしては，

薬事，検査，療法，栄養，看護などがあるが，このサービスの提供者は提供するサービスの内容の専門性に応じた資格を必要とする。

　利便性・快適性に関するサービスは，治療とは直接関係はないが，患者が病気やケガを治すために必要なサービスである。このサービスは病院や診療所などの医療施設の中のみならず，患者が治療を受けるために自宅を出発してから帰宅するまでも含めて提供される場合もある。

　このように，医療サービスは医療固有の専門性が極めて高い部分を非常に多く含んだサービスといえる。

第3節　医療サービスと患者の満足

1．マーケティングにおける顧客の満足と期待の理論

　コトラーは顧客の満足と期待について，顧客は購入した製品が期待以上であれば満足をするが，期待以下であれば不満を抱く。そして顧客の期待は，顧客の僅かな過去の経験と狭い人間関係および企業から得られた情報を基に形成される。よって，企業がより多くの顧客を獲得するためには，多数の消費者に対して購入意欲をそそる程度の期待をもたせつつも過度な期待をもたせず，購入者には期待を裏切らない程度の満足を与えねばならない（Kotler & Keller 2009, pp.164 – 165），と述べている。

　また，ラブロックも顧客の満足について，満足は人間の感情に依存するものであるから，顧客の満足あるいは不満足の程度は，体験したサービスが顧客の期待にどの程度答えているかによって決まる（Lovelock & Wright 1999, p.97），と述べている。また，顧客の期待について，顧客は過去の経験や情報を基に内的基準を設け，実際に提供されたサービスがその内的基準の範囲ないであるならば許容するが，範囲より上に超えた場合に満足を覚え，逆に範囲より下であったときに不満を抱く(Lovelock & Wright 1999, pp.89 – 91)，と述べている。

　そして，パラシュラマン・ツァイトハムル・ベリーは，顧客が自分たちに提供されたサービスの品質を評価する場合，期待以上であれば満足を覚え，期待

はずれであれば不満を抱く (Parasuraman, Zeithaml & Berry 1985, pp.41 – 50)。顧客の期待は，口コミ，個人的なニーズと選好，過去の経験，外部とのコミュニケーションの4つの要素に影響されるとしている。そして顧客が提供されたサービスの品質に不満を持つ潜在的な原因は，顧客の期待と知覚のギャップにある(Zeithaml, Berry & Parasuraman 1993, pp.1 – 12)，としている。

2. 医療サービスに対する患者の満足と期待の構造

　患者は過去の疾病で治療を受けたことのある医療機関や担当医そして治療内容などの経験と，自分の友人や周囲の人間から得た自分の疾病に関する情報やこれから治療を受ける予定の医療機関やその医療機関に所属する医師に関する情報，また別の医療機関と医師に関する情報そして医療機関から入手できる情報を基にして，患者は実際に医療サービスを受ける前に自分の頭の中で，これから受ける医療サービスの内的基準を形成する(患者は過去に経験が無くとも収集した情報だけで内的基準を形成できる)。これが患者の抱く期待である。

　患者にとって最も期待することは，提供された医療サービスによって病気やケガが完治することである。しかし，患者が期待する医療サービスと医療機関から提供される医療サービスとの間において生ずるズレの程度によって評価は上下する。

　また，患者はこれらのズレのみによって医療サービスを評価しているのではなく，

信　頼　性：常に正確な診断とそれにもとづく適切な医療サービスを提供出来る医療機関であるか否か。

有形的要素：その医療機関の施設，設備機器，スタッフ，コミュニケーション手段は，その医療機関が提供するサービスにふさわしいものであるか否か。

反　応　性：その医療機関のスタッフは，思慮深く適切な時に適切な医療サービスを提供できるか否か。

確　実　性：その医療機関のスタッフは，各々の職務について高い専門的技術

や知識をもっているのみならず，礼儀をわきまえ信用できるか否か。

共　感　性：その医療機関は患者への丁寧な気配りや個々の患者に対して適切な配慮をしているか否か。

といった5つの次元によっても評価をする。

　医療サービスにおいて5つの次元のうち最も重要な次元は信頼性である。医療機関にとって，常に患者の病気やケガを完治させることは最重要課題である。特に医療サービスは，サービスの提供つまり診察，検査，治療などの各段階において患者の協力が不可欠である。医療サービスは人の生命に直接関わるため，サービスの提供に誤差があってはならないが，サービスを提供する側の問題としては，医師をはじめとする医療スタッフおよび非医療スタッフの能力や性格，さらにはそのときの体調や精神状態によって提供する医療サービスの質は大きく左右される。また，サービスを受領する患者の問題としては，治療に協力的でなかったり，例えそうでなくても，患者の性格やそのときの精神状態や体調によって，受けた治療に対する感覚は微妙に異なる。

　患者は治療を受けた後にその治療の信頼性を判断するため，信頼性はサービスの結果の重要な判断基準である。信頼性を除いた後の4つの質次元（有形的要素，反応性，確実性，共感性）は，サービス提供のプロセスに関わる質次元である。顧客は契約したサービスが約束通りに提供されているか否かを確認することができる。それは患者が治療の進行の中において，有形的要素，反応性，共感性の次元について評価が可能だからある。ただし，医療の場合確実性については，患者が全てを評価することができない。事務や受付などの非医療スタッフが患者に提供する利便性や快適性に関するサービスは評価することができるが，医師をはじめとする医療スタッフの提供する医学専門技術的サービスについては，患者が容易に評価することができない。それは医療サービスが高度に専門的な知識や技術を要する内容であり，患者との間に著しい情報の非対称性が存在するからである。また，現実的に患者自身が手術中に執刀医の腕の善し悪しを評価することは不可能である。ここに医療サービスの固有性がある。

第4節　医療サービスのマーケティング

　医療サービスはサービスの1つであるので，サービス・マーケティングを基にする。ここでは専門的サービスとしての医療サービスのマーケティングについて述べるものとする。

1. 医療サービスのマーケティング・ミックスの要素

　有形の製品のマーケティング戦略を考える場合のマーケティング・ミックスの要素は，マッカーシーの4P，つまり「製品(product)，価格(price)，場所(place)，およびプロモーション(promotion)」が有名である。しかし，医療サービスの場合は，ツァイトハムルとビトナーのサービスのマーケティング・ミックスの要素である7P (Zeithaml & Bitner 1996, p.113)，つまり「製品(product)，価格(price)，場所(place)，プロモーション(promotion)，人(people)，物的証拠(physical evidence)，プロセス(process) (McCarthy 1964, p.49)」の応用で考えてみる。

　製品(product)は，医療という専門的サービスであるが，それは前節で述べた医学専門技術的サービスをはじめとする治療サービスと利便性・快適性に関するサービスである。その質が重要となる。

　価格(price)は，医療サービスに関して保険診療の場合，診療報酬は厚生労働省が定めた定価であるが，保険診療の範囲外の医療サービスは別である。保険診療の範囲外の医療サービスの価格については，他のサービス業と同じような競争も起こりうる。

　場所(place)は，医療サービスが提供される病院や診療所といった医療施設であるが，重要なのはその立地条件である。在宅療養の場合は自宅であるが，この場合は医師をはじめとする医療スタッフなどが患者の自宅へ出向いて医療サービスを提供することになる。

　販売促進活動(promotion)は，医療機関の法律の範囲内の広告やパブリシティ

であるが，近年では診療科目や特に専門的に行う治療の説明を載せたインターネット上のホームページなどである。提供できる医療サービスの内容などを如何に知って貰うかが重要となる。最も効果があると考えられるのは，患者の口コミであるが，これは諸刃の剣であるので要注意である。

人 (people) は，医師をはじめとする医療スタッフのみならず非医療スタッフである。医療サービスの提供者として優秀な人材をもっていることが重要である。常に医療スタッフの専門性の維持向上のみならず全医療スタッフの患者に対する応対の良さなどのレベルを高水準に保つための研修を行い，全スタッフが満足できる医療サービスを提供できる環境の保全に努めなければならない。

物的証拠 (physical evidence) は，先述のプロモーション (promotion) に関係しているが，医療サービスの提供に関係する全ての物理的事物である。病院や診療所の建物の外観や医療機関が患者に対して適切かつ十分な治療を行うために必要不可欠な備えるべき医療器械および急患など対して迅速で適切な対応をするために合理的なシステムとこれを構築するのに必要な設備，また迅速に往診や患者送迎のための車両などである。そして，清潔で機能的な全スタッフの制服（ただし，患者に恐怖や緊張感を与える物であってはならない）やその医療機関の治療の特徴や治療成績などを記載したパンフレットでなどである。

プロセス (process) は，医療サービスの場合その提供の過程おいて，患者と医師は二人三脚であり，患者は治療に積極的に参加しなければならない。お互いがどの程度協力協調できるかが重要となる。

2. 医療サービス・マーケティングの問題点

コトラーは専門的サービスのマーケティング上の問題点について10項目を挙げている (Kotler, Hays & Bloom, 白井監修・平林訳 2002, pp.11 – 15)。これを基にして医療サービスのマーケティングを行う上での問題点を挙げてみよう。

① 医療サービスを提供する医師をはじめとする医療スタッフは，その分野の専門家としてただ単に患者のニーズのみを満たすことに専念するわけにはいかない。医療スタッフは患者に対して責任を負うとき，同時に自分の同僚や

勤務している医療機関や監督官庁などの第三者に対して説明責任を負う。その責任を忘れ患者に対する義務だけを果たそうとすると，第三者に対する信頼を失うだけでなく免許も失う可能性がある。

② 医療サービスは極めて専門性が高く患者にとって理解困難な部分が多いため，患者は医療サービスを受ける前後に大きな不安をもつ。よって，医療スタッフは患者の不安を取り除かねばならない。そのために医療スタッフは患者に対して，提供される医療サービスについて丁寧な説明を行い患者の理解を促す必要がある。

③ 患者が医療スタッフ特に医師や歯科医師を選択する場合の基準の大きな部分は，経験に裏付けられた治療成績である。よって，医師や歯科医師は自らの経験の深さを世の中に示さなければ，患者の獲得が困難となる。経験のない新人は患者の獲得が困難である，ということである。

④ 有形の製品と異なり，医療サービスの差別化は容易ではない。他の医療機関と異なる特徴をもつ医療サービスを提供したとしても，それを患者が理解できなかったり，それどころかその医療サービスに不安をもたれてしまえば，他の医療機関と異なることを理解してもらえない。

⑤ 医療サービスの品質管理は，製品の品質管理のように容易ではない。医療サービスの質を維持するためには，優秀な人材の確保と彼らの研修，そして彼らに勤勉に職務を遂行させることである。また，医療サービスの質は患者の協力の大きさに左右されるため，品質管理はより一層困難である。

⑥ 患者は不安を少しでも解消しようとするために，自分の担当医の人物や医療サービスの力量を知ろうとする。よって，専門家である医師をはじめとする医療スタッフも事前に患者に会い営業活動を行わねばならない。しかし，医療スタッフは営業の重要性をなかなか理解しないし，営業を嫌う傾向があり，またそうでない医療スタッフであっても営業に不向きな場合がある。

⑦ 医療サービスを提供する専門家である医療スタッフは，マーケティングに時間を割きたがらない。なぜなら，マーケティングに時間を費やしても請求する相手がいないからである。また，マーケティングに時間を取られすぎる

と，肝心のサービスの質に影響を及ぼす可能性もあるからである。
⑧　患者は時間に関係なく無理無体な要求をしてくる場合がある。これに対しても医療スタッフは対応せねばならない。常に忙しく時間のない医療スタッフが顧客の要求を満たすと同時にマーケティングを行うのは至難の業である。
⑨　一般の商業広告とやや異なり医療サービスの広告は，法的規制，ターゲット市場，医療機関のイメージ，競争状況などを考慮して，どのような広告をどの程度の規模で行うかを決定する必要がある。
⑩　医療サービスの専門家である医療スタッフは，マーケティングの意志決定に関する知識をあまりもっていない場合が多い。それは彼らがマーケティングのような実務的な分野を学ぶ時間や機会がなかったためであろう。医療サービスのイメージを作れるのは，唯一その提供者である医療スタッフであることを理解する必要がある。

以上，医療サービスのマーケティングを行う場合に存在する問題点について10項目を挙げたが，この10項目の問題だけを解決すれば，患者が常に満足するわけではない。なぜなら，患者の満足が変化するからである。また，医療機関を取り巻く社会や経済などの環境も変化するからである。医療機関はこれらの変化を敏感にキャッチし，迅速に対応して適切なマーケティング戦略を構築せねばならない。

(参考文献)
A. Parasuraman, V. A. Zeithaml & L. L. Berry (1985), "A Conceptual Model of Services Quality and its implications for Future Research," *Journal of Marketing*, Vol.49.
C. Lovelock & L. Wright(1999), *Principles of service marketing and Management*, Prentice Hall.
E. J. McCarthy (1964), *Basic Marketing ; A Managerial Approach, Rev. ed.*, Richard D. lrwin, lnc..
P. Kotler, T. Hays & P. N. Bloom (2002), *Marketing Professional Services Second ed.*, Learning Network Direct. (白井義男監修・平林祥訳 (2002)『コトラーのプロフェッショナル・サービス・マーケティング』ピアソン・エデュケーション)。
P. Kotler & K. L. Keller (2009), *Marketing management, 12th ed.*, Pearson Prentice Hall. (恩蔵直人監修・月谷真紀訳(2009)『コトラー＆ケラーのマーケティング・マネジ

メント 第12版』ピアソンエデュケーション)。
V. A. Zeithaml, L. L. Berry & A. Parasuraman (1993), "The Nature and Determinants of Customer Expectation of Services, " *Journal of Marketing of the Academy of Marketing Science*, Vol.21.
V. A. Zeithaml & M. J. Bitner(1996), *Services Marketing*, McGraw – Hill.
飯田修平 (2003)『病院早わかり読本 第2版 増補版』医学書院。
飯田修平・田村誠・丸木一成 (2005)『医療の質向上への革新 先進6病院の事例研究から』日科技連出版社。
片山富弘(2011)「マーケティングの基本戦略」岩永忠康監修『現代流通の基礎』五絃舎。
高橋克義・桑原秀史(2008)『現代マーケティング論』有斐閣。

濱本幸宏

第III部

商　　業

第11章　商業の存立根拠

第1節　商品流通と商業者

1. 商業介在の不思議

　わたしたちは，チョコレート，缶コーヒー，ボールペンなどの商品を購入する場合，直接にそれらを生産したメーカーからではなく，コンビニエンス・ストアやスーパー・マーケットなどから購入する。これはとても不思議な現象ではないだろうか。一般的には次のように思われているからである。「メーカーから直接購入すれば，中間マージン（商業者が手にする利益）を省けるので，消費者は商品を安く入手できる」。そうであるはずなのに，何故，多くの商品は生産者から消費者の手に直接渡らず，わざわざ商業者という中間業者を経由して販売されるのであろうか。本章はこうした素朴な疑問に答えることを目的とする。

　いうまでもなく，商業者は，商品をただ右から左に流すことによって，商品価格を不当に高くするわけではない。まったく逆である。商業者を媒介させることが，生産者だけでなく，消費者に対しても，大きなメリットをもたらす。この理由を説明するためには，物々交換の時代に遡って話を進めていかなければならない。

2. 物々交換

　当初から交換をめざして生産される生産物を商品という。商品は，ある特定の用途に役立つものである。言い換えると，ある特定の有用性をもったものである（これを「使用価値」という）。具体的に言えば，「麦藁帽子は直射日光から頭を保護する」，「羊毛セーターは寒さを防ぐ」，「ハンバーガーは空腹を満たす」

などの有用性である。しかしその一方で，できる限り広くどのような商品とも交換できるものでなければならない（これを「交換価値」あるいは単に「価値」という）。つまり，「麦藁帽子は羊毛セーターと交換できる」とともに「ハンバーガーとも交換できなければならない」のである。

このように商品は二面性をもつために，物々交換を行おうとすればただちに困難に直面する。商品生産者は自らの商品を自らにとって有用性のある（使用価値をもつ）商品と交換しようとする反面，自己の商品が他人にとって有用性があるかどうか関係なく交換を望むからである。これが交換の矛盾である。

具体的に説明しよう。麦藁帽子の生産者Aと羊毛セーターの生産者Bとの物々交換を想定し，生産者Aは冬の寒さを防ぐ羊毛セーターを欲しがっていると仮定する。この時，当然ながら，生産者Aは麦藁帽子と羊毛セーターとの物々交換を成立させたいと望む。しかしこの交換成立は容易ではない。交換相手（生産者B）の置かれた事情を無視できないからである。生産者Aは麦藁帽子が生産者Bにとって有用性があるかどうかを問わずに交換を成立させようとするが，生産者Bが麦藁帽子の有用性を感じなければ（つまり，麦藁帽子を欲しがってなければ），物々交換に応じない。

物々交換においては，商品生産者が相互に相手方の商品を使用価値として受け入れなければ交換は成立しない。交換相手が保有する商品を自らが欲しがっていると同時に，自らが保有する商品を交換相手が欲しがっているという，「欲望の両面一致」を必須とする（佐藤 1989, p.24）。さらに，欲望の両面一致の条件を満たしたとしても，価値的な交渉が決裂すれば交換は成立しない。上の事例でいえば，麦藁帽子と羊毛セーターをどのような比率で交換するのかに関する合意なければ交換は成立しない。さらに，仮に麦藁帽子10と羊毛セーター1という交換比率で合意しても，生産者Aが麦藁帽子を5つしか所有していなければ，羊毛セーター半分との交換は有り得ない。

3. 貨幣の出現

貨幣の出現によって，物々交換の困難性はかなり緩和される。物々交換が閉

塞した最大の原因は，一方の交換当事者が相手の商品を使用価値として認めないことであった。それでは，貨幣が介在したら，交換にどのような変化が生じるであろうか。

上に挙げた事例で貨幣所有者Cを追加して考えよう。つまり，ここで登場するのは，麦藁帽子の生産者A，羊毛セーターの生産者B，貨幣所有者Cの3者である。貨幣所有者Cは，生産者Aが所有する麦藁帽子の有用性を感じなければ（麦藁帽子を欲しがっていなければ），交換に応じない。これはなんら変わりない。問題は，貨幣所有者Cが麦藁帽子を欲している時の生産者Aの行動である。貨幣所有者Cが自分の所有する貨幣を交換物として差し出したならば，生産者Aはこれを拒否するであろうか。生産者Aが欲しがっているのは羊毛セーターであって，少なくとも貨幣ではない。しかしそうであっても，生産者Aは貨幣所有者Cとの交換に応じるであろう。なぜなら，貨幣を持ってさえいれば，何時でも，何処でも，誰とでも，目的の商品と交換できるからである。この交換により貨幣所有者となった生産者Aは，羊毛セーターの所有者（つまり生産者B）がどのような商品を欲していようとも関係なく，最終目的の商品である羊毛セーターを取得できる。

このように，物々交換のなかに貨幣が入ることによって，「欲望の両面一致」が「欲望の片面一致」要件で済む（佐藤1989, p.27）。貨幣所有者と対峙した商品所有者は，使用価値的な理由で交換を拒絶することはない。また，貨幣はほぼ無限に分割できるので，価値的な不一致による決裂も回避できる。交換が成立するかしないかは，貨幣所有者が商品所有者の商品を気に入るかどうかだけである。

貨幣が介在すると商品交換は間接的になる。物々交換では1回きりの交換行為で望む商品を取得できたが，貨幣を媒介させた交換ではそれはできない。商品生産者が最初の交換で取得するのは貨幣である。貨幣はある意味で魅力的な商品に違いないが，だからといっていつまでも手元に置いておくような代物ではない。貨幣は交換手段として使われてはじめてその使命を全うする。こうして貨幣を介在させると，交換は必然的に販売と購買という2つの過程に分

裂する。商品生産者はまず自分の商品を貨幣と交換(販売)し，次にその貨幣でもって自らが必要とする商品を手に入れる(購買)。商品生産者は，販売によって自らの商品の価値を実現でき，購買によっていかなる使用価値も入手できる。貨幣の出現によって，商品に内在する使用価値と価値との対立は一応解決する(森下 1993, pp.11–13)。

4. 商業者の出現

　物々交換はもっぱら個人的行為として完了した。ひとつの交換がもうひとつの交換へと発展することはなかった。これに対して，貨幣を媒介とした交換は，常に他の交換を前提とする。個々の交換は，交換の連鎖を離れて存在し得ない。このように互いに分解できないように絡み合っている交換過程の総体を商品流通という(図表1参照)。

図表1　物々交換と商品流通(貨幣を媒介とした交換)

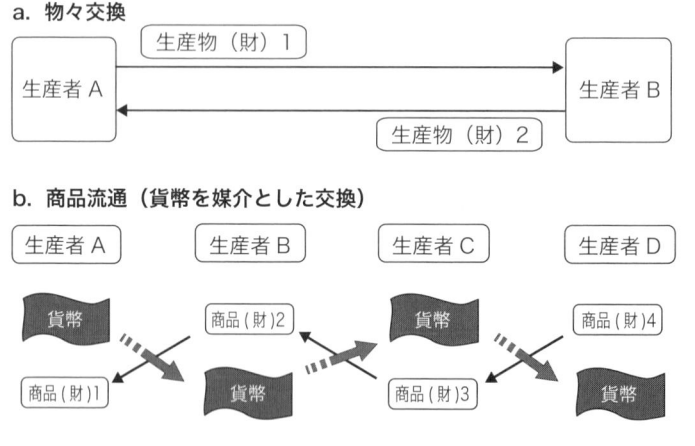

a. 物々交換

　　生産者A　←　生産物(財)1　→　生産者B
　　　　　　→　生産物(財)2　←

b. 商品流通(貨幣を媒介とした交換)

　　生産者A　　生産者B　　生産者C　　生産者D

　　貨幣　　商品(財)2　　貨幣　　商品(財)4
　　商品(財)1　　貨幣　　商品(財)3　　貨幣

出所：岩永 2011, p.5。

　商品流通が滞りなく疎通するためには，本来統一していた販売と購買が社会的に一致しなければならない。販売に見合うだけの購買が行われないかぎり，商品流通は中断するかあるいは縮小してしまう。だが，貨幣所有者にしてみれ

ば，いつかは望みの商品と交換するにしても，その交換を急いで行う必要はない。貨幣は保持されたままであったとしても十分意味をもち，時間の経過とともに価値が低下・消滅しないからである。分裂した2つの過程が，同じ時に，同じ場所で，同じ相手と，同じ規模でなされないとすれば，つまり商品を販売して得たすべての貨幣でもって別の商品をその場で購買する必要性がなくなれば，新たな形態での矛盾(販売と購買の不一致，商品流通の矛盾)を招く。

　貨幣の登場は，交換における欲望の両面一致要件を片面一致要件へと緩和した。しかし，貨幣所有者にしてみれば，その購買が自らの消費を目的とするかぎり，使用価値的制約から逃れることはできない。貨幣所有者は，商品の有用性を感じないならば，つまり商品が自らとって何の役にも立たないならば，それを購買しない。貨幣介入による商品流通の限界がここにある。

　この限界を打ち破るためには，もはや消費を目的としない購買を介在させるよりほかはない。もちろん，購入した商品を消費しないといっても，手元に置いてただ眺めるわけではない。それをさらに消費を目的とした貨幣所有者（つまり消費者）へと再販売する。もっぱらこうした行動をとるべく歴史的に登場したのが商業者である。商業者の購買は消費のための購買ではなく販売のための購買であり，商業者の販売は生産したものの販売ではなく購買したものの販売である (森下 1977, p.28)。商業者は，生産者と消費者の間に介入して彼らの売買(交換)を媒介するが，自身はいかなる商品も生産しない。商業者の登場は商業の出現にほかならない。すなわち，商業とは，商業者の売買としてあらわれる商品流通の側面である。言葉を換えれば，商業は，商品流通の全過程のうち，生産者ではなく，消費者でもない，商業者が両者の間に介入してなされる再販売購入の部分である。

第2節　売買集中の原理

1. 商業者の行動特性

　商業者は，何よりもまず他人から商品を購買しなければならない。同様に消

費者もまた，本来的特性として他人から商品を購買しなければならない。商業者にしろ，消費者にしろ，自ら商品を生産しない。こうした側面だけに注目すれば，商業者と消費者は同じ行動特性をもっているかのようにみえる。しかしもちろんそうではない。表面的にそうみえるだけであって，両者の行動特性はまったく異質なものである。

消費者が商品を購買するのは，いうまでもなく，自らがその商品を消費するためである。したがって，消費者による商品購買は，量的および質的に制約されている。消費者は，量的限度を超えて，または，質的に不要なものを購買することはない。一般の大学生は，昼食用として一度に100個のハンバーガーを（量的制約），または，通学に使用する乗り物として幼児用の三輪車を購入することはない（質的制約）。

これに対して，商業者が商品を購買するのは，その商品を他者に再販売するためである。ここで看過できないのは，前節で考察したように，商業者は，商品の購買において使用価値的制約を受けない。つまり，商業者の商品購買は，次の2つの制約から解放される。第1に，商業者は生産者から一度に大量の商品を購買できる。つまり，量的制約から解放される。第2に，商業者は，再販売可能性があるかぎりどんな種類の商品でも購買できる。つまり，質的制約から解放される。商業者は一度に100個のハンバーガーを購入できるだけでなく，個人的には不要であっても幼児用の三輪車もまた購入できる。商業者は，2つの側面において，消費者にとっては宿命的とされている制約を受けない。

2. 社会的品揃え物の形成

こうして，生産者から商業者への販売は，生産者から消費者への直接販売よりも，格段に容易になる。その結果，商業者の手元にはまるで「市(いち)」のような商品集合が形成される。この商品集合は，同種商品の場合もあれば，異種商品の集合の場合もある。商業者の手元に形成される同種商品あるいは異種商品の集合は，社会的品揃え物と呼ばれる。

社会的品揃え物の形成は，商業者だけにみられる現象である。生産者は，生

産活動に専念しているから，商業者と同じ意味での社会的品揃え物を形成できない。生産者の手元に形成される商品集合は，自らが生産した商品の集合であって，他者から仕入れた商品ではない。しかも，それは，生産活動の結果生まれたものであるから，質的にきわめて限定された商品集合である。したがって，生産者のもつ商品集合と，商業者の形成する社会的品揃え物とは，まったく性格を異にする。

　また，消費者はもっぱら消費活動に特化しているから，彼もまた商業者と同じ意味での社会的品揃え物を形成することはない。確かに，消費者の手元に形成される商品集合は，質的多様性をもっている。この側面だけをみれば，商業者の社会的品揃え物と酷似している。しかし，消費者の手元にある商品集合は，個人的需要という制約を宿命的に背負っている。消費者は，質的にみても，量的にみても，その限度を超えて商品を保有することはない。そして，何よりも，消費者は手持ちの商品をけっして他者に再販売することはない。したがって，消費者の保有する商品集合もまた，商業者の形成する社会的品揃え物とは，まったく性格が異なる。

3. 売買集中の原理

　生産者と商業者の取引関係から社会的品揃え物を考えると，それは生産者から商業者への販売の社会的集中を意味している。それでは，商業者にとってもう一方の取引相手である消費者との関係からみた社会的品揃え物は，どのような意味をもっているだろうか。この点について考えていこう。

　消費者と生産者とが直接結びつく場合に，消費者にとってもっとも厄介だったのは，自分の必要としている商品を誰が生産しているのかを知らないことである。消費者は生活に必要なモノを自らは何も生産しない。したがって，彼にとって必須の仕事は，商品の探索であり，購買の交渉である。しかも，ただ１つの商品を購買すればよいというわけではない。生活を維持していくためには，消費者は多種類の商品を購買し続けなければならない。だから消費者からみれば，商業者の形成する社会的品揃え物は，次の２つの点できわめて魅力的な

存在となる。ひとつは，消費者は，商業者を利用することによって，複数の生産者の商品を比較購買できる。もうひとつは，消費者は，商業者のもとに行くだけで，多種類の商品を一度に購入できる。前者は同種商品，後者は異種商品の集合としての魅力である。必然的に，社会的品揃え物に引き寄せられるように，多数の消費者が商業者のもとへ集まってくる。それは，消費者の購買が商業者のもとへ社会的に集中することに他ならない。

要するに，商業者の形成する社会的品揃え物は，取引関係という観点からみれば，生産者の販売と消費者の購買とが商業者のもとへ社会的に集中することを意味する。商業論は，これを売買集中の原理と呼び，きわめて重要な概念として位置づけている。売買集中の原理は，商業者が介入した間接流通が直接流通に対する絶対的優位性をもつための源泉として作用するからである。その第1は，商業者が取引活動に特化したことによる専門化の利益である。そして，その第2は，生産者と消費者に対する取引費用節減効果である。そして，この第2の効果こそが商業の存立根拠を説明する。

第3節　商業の存立根拠

1．探索費用の節減

売買集中の原理による取引費用節減には，いったいどのようなメカニズムが働いているのだろうか。取引費用は，取引相手を探索するための探索費用と取引を実行するための交渉費用から構成される。そこでここではまず，探索費用の節減から考察していこう。ここで鍵となるのは，売買集中に伴う取引数の減少である(図表2参照)。

売買集中の原理は，消費者からみれば，商業者のもとへの多数の生産者の販売集中という点に大きな意義がある。つまり，消費者にとって商業者の利用は，生産者集団との出会いを実現する。この出会いは，次の2つの側面を含んでいる。ひとつは，異種商品を生産する生産者集団との出会いである。もうひとつは，同種商品を生産する生産者集団との出会いである。いずれにしろ，消費

図表 2　商業者介在による取引数の減少

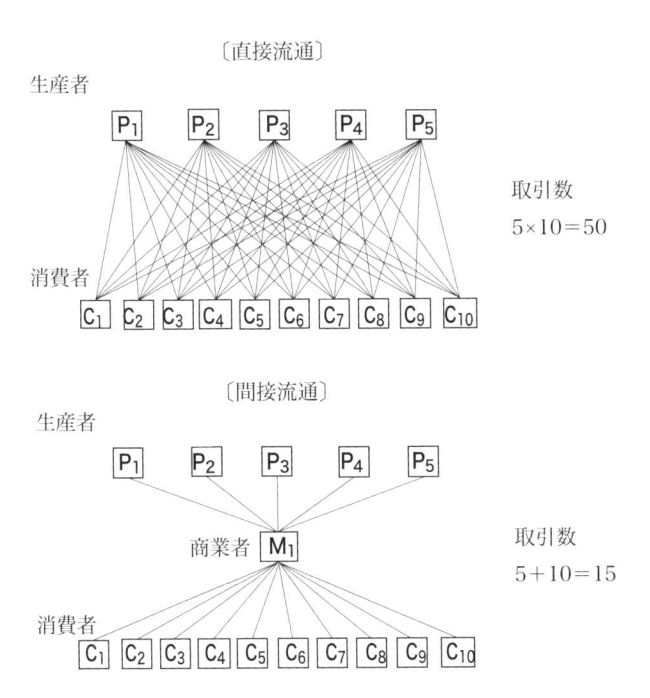

〔直接流通〕

生産者 P_1 P_2 P_3 P_4 P_5

消費者 C_1 C_2 C_3 C_4 C_5 C_6 C_7 C_8 C_9 C_{10}

取引数
$5 \times 10 = 50$

〔間接流通〕

生産者 P_1 P_2 P_3 P_4 P_5

商業者 M_1

消費者 C_1 C_2 C_3 C_4 C_5 C_6 C_7 C_8 C_9 C_{10}

取引数
$5 + 10 = 15$

出所：岩永 2011, p.9 を加筆。

者は，商業者と接触するだけで，自らが必要とする商品と巡り会う可能性は格段に高くなる。商品探索のために必要とする消費者費用が大きく節減される根拠は，ここにある。

　異種商品の生産者集団との出会いは，社会的品揃え物という視点からいえば，品揃え物の広さとの出会いである。それは，消費者に対してワンストップショッピングの有利性として作用する。もともと消費者が必要とする財は，質的には多様であるが，量的にはきわめて少量である。消費者は，商業者の形成する品揃え物の広さを活用することによって，多種類の商品を一度に購買できる。多種類の商品生産者を探しまわる煩雑さから解放される。

同種商品の生産者集団との出会いは，品揃え物の深さとの出会いである。消費者が多数の同種商品群のなかからどの商品を購入するかを決断するためには，代替可能な商品群における比較情報を事前に収集する必要がある。とくに商品の品質情報と価格情報は重要である。消費者は，商業者の形成する品揃え物の深さを活用することで，同種商品群の品質情報と価格情報を一度に入手できる。これは，商業者の社会的品揃え物が複数の生産者の商品の比較情報を，実物展示という方法で提供するという商業者独自の情報提供機能に由来する。商業者は，商品に関するもっとも確実な情報源である実物情報というかたちで，消費者に対して同種商品間の比較情報を提供する。

　また，売買集中の原理は，生産者からみれば，商業者のもとへ多くの消費者の購買が集中している点に大きな意義がある。これは，商業者と接触するだけで，生産者が消費者集団に出会えることを意味する。つまり，生産者は，商業者へ商品を販売することによって，その商品を必要とする消費者と巡り合う可能性が格段に高まる。消費者を探する煩雑さから解放される。商業者の介在による生産者の探索費用節減の根拠はここにある。

2. 交渉費用の節減

　今度は，商業者介在による交渉費用の節減について考えよう。ここで鍵となるのは，売買集中に伴う情報の集中である。

　売買集中の原理は，情報という観点からみれば，周辺市場における需要状況に関する情報（消費者情報）が商業者のもとへ集中することを意味する。その情報をもとに，商業者は生産者との間で取引成立へ向けた活動を展開する。商業者は，生産者との交渉過程に際して，常に消費者への再販売可能性を考えるから，接触したすべての相手と取引を成立させるわけではない。しかも，既に取引関係にある生産者の商品でさえ，そのすべてを無条件に仕入れるわけでもない。商業者は，自らのもとに集まる需要情報を念頭におきながら，生産者を選別し，商品を選別している。これは，とりもなおさず，商業者が消費者の交渉代理人として機能していることを示す。結果として，商業者の形成する品揃え

物は，単なる商品集合ではなく，周辺市場における消費者需要が強く反映された商品集合となる。消費者の負担すべき交渉費用が節減されるのは，このためである。

　また，商業者への売買集中は，供給状況に関する情報（生産者情報）の集中でもある。その情報をもとに，商業者は消費者との間で取引成立を目指して活動する。商業者は，商品の供給可能性（仕入可能性）を考えながら消費者と向き合う。これは，商業者が生産者の交渉代理人として機能することを示す。商業者のこうした活動によって，生産者の負担すべき交渉費用は節減される。

　以上は，次のように言い直してもよい。第1に，商業者が一種のミニチュア市場として機能することによって，価格交渉を効率化する（田村2001, pp.84-85）。商業者の内部に擬似的なミクロ競争市場が創造され，それが周辺市場における需給を整合させる価格を形成する。そして，第2に，商業者は，商品に対する消費者の評判や苦情を中立的な立場で収集することによって，品質交渉を効率化する（田村2001, pp.85-86）。仲介業者としての商業者は，品質保証者として機能する。この2つの作用によって，生産者と消費者との直接交渉と比較して，生産者と商業者および商業者と消費者との交渉はよりスムーズに運ぶ。こうして，商業者の介在は交渉費用を節減する。

〔参考文献〕
荒川祐吉(1974)「商業および商業学の史的展開」久保村隆祐・荒川祐吉編『商業学』有斐閣。
石原武政(2000)『商業組織の内部編成』千倉書房。
石原武政(2002)「商業の市場形成機能」大阪市立大学商学部編『流通』有斐閣。
岩永忠康(2011)「現代流通のアウトライン」岩永忠康監修『現代流通の基礎』五絃舎。
加藤義忠(1994)「商業の分化と流通機構」保田芳昭・加藤義忠編『現代流通論入門 新版』有斐閣。
佐藤善信(1989)「商業の機能と構造」石原武政・池尾恭一・佐藤善信『商業学』有斐閣。
田村正紀(2001)『流通原理』千倉書房。
西島博樹(2008)「流通と商業」岩永忠康・佐々木保幸編著『流通と消費者』慶應義塾大学出版会。
西島博樹(2011)「商業の基礎理論」岩永忠康監修『現代流通の基礎』五絃舎。
風呂 勉(1968)『マーケティング・チャネル行動論』千倉書房。
森下二次也(1967)「商業分化と商業組織」森下二次也編『商業概論』有斐閣。

森下二次也(1977)『現代商業経済論 改訂版』有斐閣。
森下二次也(1993)『商業経済論の体系と展開』千倉書房。

西島博樹

第12章 卸 売 業

第1節 卸売業の位置付け

　流通の効率化をはかる卸売業の役割は重要である。反対に，わが国にみられる卸売構造の多段階性は諸外国からの強い批判を受けた。多段階性はそれだけ取引回数を増加させる。取引費用の増加分は商品の価格に付加される。消費者は必要以上に高い商品を購入させられるという批判である。消費者志向の時代と称される今日，そのような活動が社会的・経済的に許されるはずはない。

　わが国の商品市場は過剰なまでに激化し，低価格競争は加速する。卸売構造の多段階性による商品価格の単なる上昇は受け入れられない。商業活動に従事する事業所の実態を把握するため，経済産業省が作成した『商業統計表』での卸売業者数の激減がそれを示す。しかし，市場の激化はもう1つの現実を作り出す。各経済主体は市場を確保するため，適正な価格を前提として，魅力ある商品を細分化した市場に導入しようとする。流通の中核的な役割を担う卸売業の重要性は高まる。

　低価格競争に巻き込まれ，衰退する卸売業者と魅力ある商品を発掘し，市場を創造する卸売業者の動きがある。これらの逆行する動きが併存するため，卸売業の存在意義がわかりにくい。

　消費者は日々生活のため，商品を購入しなければならない。小売業は商品を消費者に最終販売する局面であり，小売業の存在意義は容易に理解される。消費者が直接メーカーを訪れ，生産活動をみることはほとんどない。しかし，メディアをとおして，または，工場施設を外部からみることで消費者はメーカーの存在意義を確認できる。もちろん，小売店舗でのさまざまな商品の存在もそ

の1つとなる。

　それらに対して，商品の生産も消費者への販売も行わない卸売業はみえにくい。メディアでよく取り上げられる中央卸売市場程度の認識しかない場合もあるのではないか。三井物産，三菱商事，丸紅など，大手総合商社が卸売業であることを知らないかもしれない。

　卸売業の実態のみえにくさはメーカーや小売業にはない能力のためである。それは知識集約的活動に起因する。そのため，相対的に，メーカーや小売業には初期資本の多額な投資が求められるが，資本金は少なくとも，卸売業は十分な成果を獲得できる。

第2節　卸売業の存在意義

1. メーカーと卸売業との関係

　メーカーが商業に対して，優位な立場にあると考えられることがある。その理由の1つに流通系列システムがあげられる。メーカーが商業者を自らの系列傘下に収め，価格を統制する。系列化された商業者は主体的な判断は行わず，メーカーのいいなりになると考えられるからである。

　本来，メーカーと商業は社会的・経済的に，それぞれが担う役割は異なり，対等である。しかし，時代背景の移り変わりやそれぞれの業者間の状況によって，その関係が崩れることはある。

2. 分業と熟練

　商業が卸売業と小売業とに分かれる理由は「社会的な分業」である。例えば，多くの活動からなる1つの仕事を適切に分け，各単位を分担・分業すると効率性は高まる。繰り返せば，ある特徴をもった活動を専門的に行うことは熟練につながる。熟練とは逆の方向として，分業は限定された作業を円滑にするだけの単純労働にもつながる。熟練する卸売業者は成長し，単純労働に止まる卸売業者は衰退するという理解もできる。

ある限定的な活動に専念することで得られた熟練はさらなる成長の機会を与える。ある活動を円滑に行うため，それに関連するさまざまな活動を熟知する。その能力が高ければ，卸売活動以外の機会が与えられる。最も発展的な形態は総合商社である。

3. 卸売業にとっての熟練

商品を生産するメーカーとそれを販売する小売業には明確な役割分担がある。メーカーと小売業の橋渡しをする卸売業はそのような明確さに欠ける。

商業は小売業と卸売業に分業・分化する。卸売業は消費者への販売活動以前にある社会的な売買活動に熟練する。卸売業は基本的にメーカーから商品を購入し，それを小売業に販売する。商品購入先の決定は重要である。購入の際，商品の特質，品質，価格，納期，数量など，さまざまな要素が判断材料になる。卸売業者は多くのメーカーの商品を比較し，商品情報を豊富に集める。

卸売業は商品流通全体を効率化するように，小売現場における情報を豊富に集めなくてはならない。小売業も卸売業と同様な役割を担う。しかし，小売業は商品流通全体を念頭に置いた品揃えをしてはいない。小売店舗は地域住民の購買可能性と競合店舗との関係で品揃えを決定するためである。この点からすれば，小売業は消費者志向の経営が行われている，または，行わなくてはならない。小売業は消費者の購買行動に合わせて，小規模分散的に店舗が立地する。小売業者は同じであっても，店舗により，異なる品揃えをする。卸売業は小売業にみられるこのような状況に適合するよう柔軟な品揃えが必要となる。

第3節　衰退する卸売業者

活力ある卸売業者を理解するため，その対局にある衰退する卸売業者を理解しよう。商業者は大規模化するという論理がある。ある商品について，他の複数の店舗で販売価格を比較できる場合，その商品は低価格競争に巻き込まれる。消費者は同じ商品であればより低価格で購入したいからである。商業者は大規

模化により対応しようとする。大量に商品を購入する。購入量が多ければ，購入先に対する価格交渉力が高まり，低価格で商品を購入できるからである。それならば，大規模化した卸売業者が優位であり，知識集約型組織であることの意味がないように思えるかもしれない。

　衰退する卸売業者で取り扱われている商品を分析しよう。商品そのものが消費者にとって魅力のないものを除けば，他店舗との比較が価格以外にない商品ばかりを取り扱うためである。それらは消費者が頻繁に目にする大量生産された商品である。そのような商品しか提供できない卸売業者はメーカーと小売業の間で，単なる商品の売買取引による利益を獲得するだけである。規模の拡大が実現できなければ，そのような卸売業者の存在意義はなくなる。卸売業者数の低下はこのような卸売業者の衰退を示すものであり，卸売業そのものの社会的・経済的価値の低下を意味しない。

第4節　活力ある卸売業者

1. アパレル企業

　消費者の多くはアパレル企業が卸売業であることを知っているだろうか。アパレルメーカーと称されることから，知らなくても当然である。アパレル企業は製造卸売業と称されることがある。同じようにみえるが，製造卸売業と製造小売業とは大きく異なる。ユニクロやしまむらなどは製造小売業である。両者の大きな相違点として，製造卸売業では多種ブランド商品がそれぞれのブランド名の付いた店舗で販売管理される。それに対して，製造小売業は管理する商品ブランド数は少なく，商品を大量生産し，コストを引き下げ，低価格で高品質な商品を提供しようとする。ここでは製造卸売業のみが対象となる。

　アパレル企業は商品の企画と販売を行う。市場競争は厳しく，売れる商品を作らなくてはならない。製品戦略は他のマーケティング戦略に対して，相対的な重要性を高めた。商品企画は製品戦略の中核である（西田 1994, p.124）。消費者にアパレルメーカーと称される理由として，ある特定ブランド商品がその

ブランド名と一致する店舗で販売されるため，そのブランド名の付いたアパレル企業が生産すると推測されるからではないだろうか。しかし，アパレル企業は生産設備をもたない。生産は委託される。

委託生産の理由として，生産設備をもったならば，稼働率を高め，それを維持しなくてはならない。アパレル商品は流行に敏感であるだけでなく，流行を創る。それだけ不確実性が高くなる（加藤 2006, p.60）。過剰な生産は在庫問題に直接影響する。生産量が不足すれば，商品の販売機会を失う（機会損失）。生産量の確定が非常に困難な商品であるため，委託生産によって，生産量が柔軟に調整される。

生産設備への投資がないため，資金的なゆとりができる。しかし，少量生産なので商品のコストは高くなる。また，あるブランド商品だけを取り揃えた店舗の維持管理費用が必要となる。アパレル企業が小売店舗をもつことにより，流通費用は高くなる。それらの費用を回収するため，商品価格は高く設定されなくてはならない。

通常，メーカーは生産された商品の販売を商業者に任せる。メーカーはマーケティング活動の最終局面となる小売店舗での活動を直接管理できない。流通系列化は大手メーカーが商業者を管理し，販売の最終局面でのマーケティング力を高めようとする。それと同様に，アパレル企業にみられる商品の企画から販売までの一貫管理は製販統合といわれ，小売店舗や販売員の管理費用はかかるものの，消費者への直接的なマーケティング力を強化する。

各ブランド商品はその独自性から，ターゲットとなる消費者は限定される。そのため，複数の商品ブランドを管理することにより，企業全体の販売量を確保・維持し，流行という不確実性を緩和する。あるブランドを廃止しても，他のブランドを立ち上げる柔軟な活動を行う。

2. 食料品卸売業者

食料品卸売業者は豊かな食生活を支援する。低価格という側面を除いて，消費者が購入したくなる商品とはどのようなものなのだろうか。例えば，無農薬

野菜を考えてみよう。安全で美味しい野菜を仕入れることは簡単ではない。無農薬野菜は天候の影響を受け，産地も分散し，収穫量も少ない可能性がある。仕入れに関する不確実性が高い。それだけでなく，そのような野菜を宣伝・販売する能力のある小売業者との取引関係の構築やそれ相応の品揃えも要求される。無農薬野菜の価格は高く，対象となる消費者は限定される。卸売業者はこのような問題を解決・調整する能力が求められる。

魅力ある商品であれば，売上高が確実に伸びると単純に考えてはならない。魅力ある商品は広い範囲から消費者を集客するが，それ相応の宣伝活動を行わなくてはならない。そのような魅力が希少性によるものであれば，そのような商品を好む消費者は限定される。外国から輸入した商品，国内であっても，生産量が少ない商品などがその例である。

例えば，ある卸売業者は魅力ある商品をA小売店舗に納入している。その営業担当者は新規開拓を行っているとしよう。現在，取引関係のあるA小売店舗の近くでは積極的な営業活動を行えない。魅力ある商品は限定的な消費者がターゲットではあっても，より遠くから集客する。もし，他の競合小売店舗でも同じ商品が販売されるならば，A小売店舗の集客力は低下する。他店舗との価格が比較され，低価格競争が生じるかもしれない。卸売業者は魅力ある商品を提供することで，小売店舗をサポートする。それと同時に，小売店舗の経営に配慮した営業活動を行わなくてはならない。

食品卸売業者のホームページを確認してみよう。アパレル企業のような小売店舗をもつ卸売業のホームページには豊富な商品情報が掲載されている。それに対して，食品卸売業者の場合，そのような情報の掲載は少ない。各小売店舗へ魅力ある商品を提供するため，手の内を明かせないからである。その点からすれば，食品卸売業者の営業担当者の活動は難しく，同時に，奥深い。

3. 大規模総合商社

大規模総合商社は卸売業の代表である。大手メーカーの原材料の調達，商品の大量仕入，販売，また，それらの取引が国際的になった場合，中小規模の卸

売業者では対応が困難になる。国際的な取引を行う場合，距離的な隔たりだけでなく，貿易業務にも精通しなくてはならない。それだけでなく，現地に駐在し，豊富に情報を集め，取引の機会を探らなくてはならない。多様な取引を成立させるため，組織内部の人的・システム的資源の充実も必要となる。

商品取引相手としてだけでなく，大規模総合商社はメーカーや小売業者の海外での経営活動における水先案内人にもなる。総合商社でみられる多様な活動は卸売活動以外の多岐にわたる。卸売活動という分野での熟練はそこから多様な活動に拡張するからである

第5節　卸売業の分類

卸売業の分類は，小売業のように明確ではない。菊池一夫がまとめた分類（菊池 2008, pp.94 – 101）を紹介する。卸売業の分類には多様な視点・基準があり，卸売業はみえにくい実体であることを確認してもらいたい。

1. 卸売業者と中間代理商

最初の分類は所有権の移転があるかどうかである。所有権の移転とは商品を売買することで，所有者が販売者から購買者へ変更することである。所有権の移転がある場合，卸売業者となる。

取引先の依頼を受けて販売業務を行うが，所有権の移転がない場合，販売手数料を得る中間代理商となる。中間代理商には，競合しない生産者の商品を販売する生産者の代理商，輸出入代理商，売り手と買い手の仲立ちをするブローカー，特定生産者の専門的な販売を担う販売代理商，オークション会社，買い手を専門的に代理する購買代理商，委託商品の販売交渉を行う手数料商人などがある。

2. 完全機能卸売業者と限定機能卸売業者

所有権の移転がある卸売業者のなかで，仕入れ，販売，配送，危険負担，金融，情報伝達など，流通活動におけるほぼ全ての機能を担う場合，完全機能卸

売業者となる。完全機能卸売業者は取扱商品の広がりと内容によって，各種商品取扱卸売業者，業種別総品目取扱卸売業者，業種別限定品目取扱卸売業者に分類される。各種商品取扱卸売業者は大規模で多品目を取り扱う。業種別総品目取扱卸売業者は特定の業種に属するあらゆる品目を総合的に取り扱う。業種別限定品目取扱卸売業者は特定品目を取り扱う。

卸売業者のなかで，流通活動における一部の機能のみを担う場合，限定機能卸売業者という。限定機能卸売業者は小規模な小売業者を対象として，現金販売を行う現金持ち帰り業者，トラックや貨車等で顧客を巡回するワゴン・ディストリビューター，流通過程において所有権をもつが在庫はもたない直送卸などがある。

3. 他の形態や分類

活動地域によって，全国的卸売商，地方的卸売商，局地的卸売商と分類される。流通の段階によって，1次卸や2次卸などとも分類される。また，チェーン全体として，市場での競争力を高めようとするボランタリー・チェーン(VC)やフランチャイズ・チェーン(FC)のような形態もある。

(注) 本章全体は森下二次也の見解を基礎として，卸売活動の基本のみをさまざまな角度から，直接理論を使うことなく，説明を試みた。

(参考文献)
加藤 司(2006)『日本的流通システムの動態』千倉書房。
菊池一夫(2008)「卸売商業」岩永忠康・佐々木保幸編著『流通と消費者』慶応義塾大学出版会。
西田安慶 (1994)「アパレル産業」尾碕 眞・岩永忠康・岡田千尋編『現代日本の産業別マーケティング』ナカニシヤ出版。
松井温文(2011)「卸売商業」岩永忠康監修『現代流通の基礎』五絃舎。
森下二次也(1960)『現代商業経済論』有斐閣。
森下二次也(1974)『現代の流通機構』世界思想社。

松井温文

第13章　小　売　業

第1節　小売業の重要性

　私たち消費者は自ら生産したものを消費するだけで生活できる時代にはいない。生活するためにはサービス商品も含む商品が必要であり，消費者は商品を購買しなくてはならない。消費者が商品を購買する局面に小売業がある。肉や野菜などの生鮮食料品，テレビや冷蔵庫などの耐久消費財，衣服など，商品を販売する多様な小売業者がある。私たちにとって，小売業は非常に身近である。身近な存在であるだけに，重要性が十分に理解されていないかもしれない。

　農家・漁師も含めた広い意味での生産者・メーカー（以降，メーカーと表記）の存在なくして，商品は成立しない。商品の存在なくして，小売業の営業活動は成立しないことから，メーカーが小売業よりも優位な立場にあると思われるかもしれない。しかし，理論的に，メーカーと小売業は対等な関係である。

　この最も重要な理論的根拠は社会的な売買の集中を商業が担うことである。メーカーが消費者に商品を直接販売しようとしても，ある企業の商品だけでは消費者にとっての魅力・効用は低く，多種多様なメーカーによって生産された商品を社会的に取り揃えることが必要となる。それを商業者が担うことによって，商品流通は円滑になり，メーカーは生産の拡大が可能となる。メーカーにとって，商業に依存しない商品の販売は現実的ではない。

　そうではあっても，現実の経済・社会は複雑であり，不安定・不確定であるため，私たちの本質を捉えようとする目を迷わせる。個々の現実は本質とはかけ離れたものもある。枝葉を見過ぎ，幹を見失ってはならない。

1. 小売業者の衰退と小売業の存在意義との関係

　小売業やメーカーという機関は必要不可欠ではあっても，個々のメーカーや小売業者はその社会的・経済的使命をどれだけ果すかによって，その存在意義は決定される。卸売業者と同様，『商業統計表』において，小売業者数は減少している。この結果をもって，小売業の存在意義が低下していると理解するのは誤りである。

　落ち着いて考えてみよう。私たちが消費する商品量には限界がある。国民総数が増加しない限り，その絶対量は極端に増えない。当然，小売業者全体の収益は拡大しない。今日，豊富な商品に充たされ，市場は飽和している。小売業者数の低下は社会的・経済的使命を失った小売業者の倒産を示すだけである。淘汰された小売業者が過去に販売していた商品を生き残った小売業者が販売する。小売業自体の存在意義は失われていない。

2. メーカーと小売業との力関係

　メーカーと小売業との力関係をみておこう。過去に，巨大メーカーが流通系列化政策のもとに，商業者を自らの手足として取り込み，独占価格を維持しようとした。このような状況をみて，メーカーは小売業に対して，優位な立場にあるという見解がある。

　それに対して，今日，大手メーカーが生産するナショナル・ブランド商品だけでなく，小売業者が企画し，大手メーカーがその生産を請け負うプライベート・ブランド商品も登場した。また，小売業者が大規模化し，大量に商品を仕入れる。商品の仕入量が多くなれば，当然，メーカーに対する交渉力が強まる。大手小売業者は卸売業者を介すことなく，メーカーから直接商品を購入するようになった。これらの動きは小売業がメーカーに対して，より優位な立場になったという見解になる。

　理論的には対等な関係（森下 1974, pp.34 – 35）であっても，現実にはその時のさまざまな社会的・経済的要因によって，または，どの場面をみるかによって，その関係は変化する。

第2節　小売市場の特徴と小売業の役割と業態

1. 小売市場の特徴

　これまでに，商業として，または，卸売業との関係から小売業の特徴を説明した。内容の重複を避け，ここでは小売業が活動する小売市場をみていこう。小売市場をみる際，注意が必要である。小売市場は小売業全体や個別の小売業者ではなく，各小売店舗がターゲットとする市場を意味することがしばしばある。

　小売市場は各店舗を中心として，地理的な広がりが狭い。消費者が直接商品を購入する行動範囲に限定されるからである。空間的に狭い小売市場ではあっても，その広がりの程度には各店舗の特徴が影響する。その軸の1つは各小売店舗で品揃えされた商品の基本的な特徴である。最寄品は比較的低価格であり，購買頻度が高く，生活する上で必要最低限な商品である。例えば，野菜，パン，米，洗剤などである。買回品は最寄品よりも高価格で，購買頻度は低く，価格や品質，デザインなど，さまざまな要素について，比較購買される商品である。例えば，くつ，かばん，服，家具などである。専門品は買回品よりもさらに高額な商品であり，消費者が購買意志決定をする際，商品探索のための時間や費用を惜しまない商品である。例えば，自動車，家，高級ブランド商品などである。最寄品，買回品，専門品という順番で市場範囲は広がる（Copeland 1923, pp.282 - 289）。もう1つは商品や店舗の吸引力である。商品や店舗の魅力が高ければ，遠くからの消費者を吸引できる。しかし，商品の希少性が高い場合，それを求める消費者も限定される。吸引力が直接売上高の増加につながると単純に考えてはいけない。

　小売業は消費者の購買行動の影響を直接受けることから，環境適応業や立地産業とも呼ばれる。

2. 小売業の役割

　小売業の役割は基本的に卸売業と同じである。機能という視点から補足して

おこう。

　まず，販売代理機能である。大きく分けて，2つある。1つは複数の，または，多様な産業にまたがるメーカーの販売代理機能である。これは同種だけでなく，多種商品の取り揃えを意味する。小売業の活用により，各メーカーは直接販売する際のわずらわしさと余分な販売費用の負担をしなくて済む。しかし，そのように集められた商品は各メーカーの意図とは関係なく，各小売業者の判断によって，販売促進活動がなされる。繰り返せば，小売業者にとって，取り揃えられた商品は等しく利益を獲得するための単なる手段に過ぎない。

　もう1つは系列化された小売業者による販売代理機能である。メーカーとは資本関係がないにもかかわらず，あるメーカーの商品だけを取り揃える小売業者がいる。小売業の存立根拠となる社会的売買の集中は行わない。系列化された小売業者はメーカーの指示に従い，販売代理商として，品揃えを限定された経営活動を行う。系列化はメーカーにとって，商品の販売局面における小売業者を管理し，マーケティング活動を一貫して行うシステムである。系列化ではないが，アパレル企業にみられる製販統合のもつ意味と同じようなものである。

　次に，購買代理機能である。消費者の代理人として，小売業者は商品を探索する。消費者が直接的・顕在的に求める商品だけでなく，潜在的な消費者ニーズに対応する商品も探索する。購買代理機能をより優れたものにするため，買回品，最寄品，専門品，また，さまざまな業種や業態に専門化する。

　最後に，情報提供機能である。情報の流れには2つある。1つは卸売業やメーカーへの情報の流れである。コンビニエンス・ストアにみられるPOSシステムはこの流れを形成するための代表的な手段である。POSシステムの導入により，商品購入時間，購入商品，数量など，豊富な情報を収集・分析することが容易になり，商品の機会損失を軽減し，新商品の導入などに役立てられる(岩永 2011, pp.13 – 14)。

　もう1つは消費者への情報の流れである。消費者への情報提供機能は大きく分けて，商品の販売を促進する機能と商品の価値を高める機能がある。後述するが，両者の区別は難しい。

3. 小売業の業態

　業態とよく似た用語として業種がある。業種は最寄品，買回品，専門品による区別よりも細かい，例えば，食肉，鮮魚，菓子・パンという具体的な商品による分類である。業種は「何を売っているのか」が明確に分かる基準である。

　それに対して，業態は経営スタイルによる分類である。例えば，百貨店，スーパー・マーケット，量販店，コンビニエンス・ストアなどがある（鳥羽 2011, pp.70 - 71）。今日，業態が明確でない部分がある。その理由として，小売業は消費者購買行動の影響を直接受けるため，過去には明確に区別されていたある業態ではあっても，市場競争が激しくなれば，経営管理者は成功している経営スタイルを取り込もうとする。その際，他の業態のスタイルであろうとも関係はないためである。産業や業種でも同様な動きがある。

　上記のことから，業態を区別する必要はないということにはならない。小売市場全体の変化を捉えるため，業態がどのように変化しているのか，特に，その理由を考察しなくてはならない。

第3節　小売業の創造的活動

　創造的活動とは市場を創造するという意味だけでなく，新しいスタイルや変化をもたらす活動も含める。

1. プライベート・ブランド商品の開発

　プライベート・ブランド商品は小売業者が商品の企画をし，大手メーカーに生産委託された商品である。本来，メーカーは自社独自のナショナル・ブランド商品だけを生産したい。しかし，小売業者が商品販売力を高め，卸売業者をとおさず，自らが商品を企画・販売しようとする。その生産を委託されるメーカーはその商品の生産活動を他の競合メーカーに奪われるよりも，生産設備の稼働率を高く維持する方を選択する。この現象は小売業者のメーカーに対する交渉力の増強を意味する。

2. メーカーからの直接仕入れ

　メーカーは大規模化し，大量生産を行ったが，多くの小売業者は小規模零細であった時代がある。今日，小売業者も規模を拡大し，商品を大量に仕入れるようになった。商品の仕入量が多くなれば，メーカーにとっても，卸売業者を介在させる必要がなくなる。小売業者はメーカーからの直接仕入れにより，仕入価格を下げ，低価格で商品を販売する。

　小売業者は規模の拡大にともない，小売店舗を全国各地に展開している。多様な店舗の競争関係，地理・社会・経済的な関係によって，多様な商品の品揃えをしなくてはならない。各店舗を統括的に管理する必要があり，小売業者は卸売機能を自らが果たさなくてはならなくなった。そのため，卸売業者を必要としなくなった点も注目に値する。

3. インターネットを活用した販売

　インターネット社会が進展し，従来衣服などのようなショッピングの基本的な対象であった商品を，商品そのものを入手すればよいとする消費者ニーズの対象に変化させた。インターネットを介して，商品を購入する際の信用が高まったことが大きな要因の1つである。商品を直接購入するための時間や交通費用などを節約できる。

　小売業者は知名度が高ければインターネット販売の際，商品や販売の間接的信用度は高くなる。小売業者は全国の消費者を対象にできるだけでなく，インターネット販売を一括集中管理することで，コスト削減になる。

4. 価値を形成する活動[1]

　価値を形成するとはどういうことなのか。この説明は難しい。価値についても，他の言葉で置き換えようと筆者は考えた。しかし，あえてこの用語を使用する。それだけ大切だからである。小売業の活動は価値形成的活動として集約

---

1) 価値形成の過程は小西一彦の見解（小西 1972, pp.56 – 64）を適用した。

されなくてはならない。

　価値は商品に対するそれ相応の価格である。今日，この用語はもっと広い意味で使用されている。例えば，ブランド価値は消費者が認識するものであり，価格とは一致しない。本章では価値＝価格とする。ブランド価値は価値という用語ではなく，ブランド使用価値という用語で説明した方がよい。使用価値はある商品を使用した際に得られる有用性である。使用価値と価値は市場原理に従って，理論的には一致する。しかし，現実にはそのようにはならない。その理由として，使用価値はある商品を使用する際，商品そのものの使用に係わる有用性だけではないからである。例えば，商品の所有自体に有用性を感じる消費者もいる。また，高級商品を購入する際，店舗の雰囲気や販売員の接客対応なども大切となる。さらに，それらの有用性は大きく個人差があるからである。

　一般的な市場価格と比べて，低価格な商品があり，それに対して，消費者が価値ある商品だと認識することがある。市場価格よりも価格が安い分だけ価値があると考え，そのような表現をするのであろう。しかし，これは価値の適切な表現ではない。価値はあくまでも価格なので，価値を形成する，または，価値あるものはそれ相応の価格を形成する。値引きは価値を下げている。

　小売業者が価値を形成するとは次のような例である。同じ商品であるのにA店舗では130円で，他の店舗では100円で売られている。もちろん，その商品だけでなく，他の多くの商品も同様な状況にある。繰り返せば，A店舗は他の店舗よりも品揃えされた商品は同じであるにもかかわらず，全体的に高価格設定されている。当然，A店舗の商品は消費者に受け入れられ，それ相応の販売実績があるとしよう。

　消費者は商品にそれ相応の価値を見いだすことで購入意思決定をする。消費者は比較購買が可能であり，他の店舗では同じ商品がA店舗よりも安いことを承知している。それにもかかわらず，A店舗で商品を購入する。消費者はA店舗で販売されている商品そのもの以外にも価値を見いだしている。このような小売業者は価値を形成していると認識される。

　その具体的な例は多様である。ほんの一部をみてみよう。商品そのものの使

用価値は同じ商品であれば，どの店舗で購入しても同じである。異なるのは商品の販売に係わる使用価値である。小売業として，最も基本的な要素は商品の品揃えである。品揃えの幅，深さ，一貫性が影響する（宮沢1980, pp.139 – 145）。また，商品を消費者の視点から捉えた場合，商品そのものだけでなく，商品と同様なものと認識される場合がある。例えば，品揃えも含めて，アフターサービス，店舗の雰囲気，接客などである。その1つである小売業者の情報提供機能に注目して欲しい。ある商品にかかわるさまざまな情報が消費者にとっての重要な購買意思決定の判断材料となることがある。販売促進的情報もあれば，商品そのものに関する情報もあるので実際の区別は困難である。そのような問題はあるが，消費者が商品やその使用・利用方法などを学ぶような情報の提供は商品の使用価値を高める。しかし，全ての商品について，情報をしっかりと提供することが大切だと筆者は述べていない。魅力ある商品であるという条件が付く。

(参考文献)

M. T. Copeland (1923), "Relation of Consumers' Buying Habits to Marketing Methods," *Harvard Business Review*, Vol.1 April.
岩永忠康監修(2011)『現代流通の基礎』五絃舎。
小西一彦 (1972)「生産的労働論と流通労働について（研究ノート）」『経営研究』第121号。
鳥羽達郎(2011)「小売商業」岩永忠康監修『現代流通の基礎』五絃舎。
森下二次也(1947)「国民所得と生産的労働」『経済評論』第4巻 第3号。
森下二次也(1974)『現代の流通機構』世界思想社。
宮沢永光(1980)「品揃政策」出牛正芳・宮沢永光・及川良治編『商業のマーケティング管理』同文舘。

松井温文

第 14 章　小売業の国際化
―コンビニエンス・ストアの事例―

第 1 節　小売業の国際化

　近年，日本人の海外旅行者数が増加している。とりわけ，中国，韓国，台湾などのアジア諸国に向かう人が多いという。修学旅行や家族旅行で訪れた経験のある人，あるいは大学生になって初めての海外旅行先として候補にあげている人もいるだろう。空港からホテルに向かう道中には，日本と異なる光景が広がる。やがて都心のホテル周辺に近づくにつれ，目に留まるものがある。日本のコンビニエンス・ストアである。普段とは異質の空間に馴染み深いものが存在すると際立って見えるのだろう。それらを目にして，なんとなく安心感を覚える人や日本企業の健闘ぶりを誇りに思う人もいるのではないだろうか。

　小売企業の国際展開は，海外に店舗を構えることを基本する。消費者の立場からそうした店舗を一見しても，ひとつの企業が展開する国内外の店舗に大きな違いを感じることはない。しかし，品揃えや販売方法をじっくり観察してみると，さまざまな違いを見つけることができる。また，そうした店舗展開の背後では，それらを実現するための仕組み作りやその運営に多大な努力が注がれている。小売企業の国際展開は，海外に店舗を構えるだけでは完結されない。

　それでは，どのような取り組みが求められるのだろうか。本章では，コンビニエンス・ストアを世界市場で躍進させる株式会社ファミリーマート（以下，ファミリーマートと省略）を事例に取り上げ，小売企業の国際展開に求められる基本的な視点や活動について説明することを目的としている。

第2節　小売企業の国際展開 —事業システムの構築と創造的適応—

1. 事業システムの構築

　コンビニエンス・ストアでは，いつでも，どこでも，日常生活に必要なありとあらゆる商品やサービスを手にすることができる。専門的には，「時間」「場所（立地）」，そして「品揃えやサービス」の利便性を提供する小売業態と説明される。コンビニエンス・ストアのように小規模な店舗で豊富な品揃えを形成するためには，販売動向を的確に把握して必要な商品を仕入れる必要がある。また，小規模な店舗では十分な在庫スペースを確保できないために，適切なタイミングで必要な分量を配送してもらうこと（多頻度少量配送）も要求される。さらに，そのためには，特定の地域に集中して出店することで配送効率を高めることにも努めなければならない。日本のコンビニエンス・ストアは，個別の店舗を基点とする商品調達の体制やそれらを運営する組織体系を整備することで事業システムを構築し，それらを実現してきた（矢作 1994；小川 2000）。

　この「事業システム」とは，なにを意味する言葉なのだろうか。簡単にいえば，どのような顧客にどのような価値を提供するのかについて考えながら，だれがどのような仕事をするのか役割分担を行い，それぞれが意欲を持って仕事ができるように経営資源（ヒト，モノ，カネ，情報）の流れを設計することからもたらされる仕組みのことをいう（加護野 1999, p.47）。

　小売企業の国際展開においては，国内で培った知識や経験を糧に進出国の事情を勘案しながら事業システムを構築することが求められるのである。最初に，どの国へどの小売業態を出店するのかについて検討しなければならない。また，なにをどのように販売するのか（陳列や接客の方法など）についても模索する必要がある。その上で販売するための商品調達や物流について思索することが求められる。さらには，現地で事業を指揮する人材や店舗展開を担う人材の雇用や教育も課題となる。

2. 小売企業のマーケティング・マネジメント ―創造的適応の追求―

　次いで，現地で事業システムを構築する際，マーケティング・マネジメントの視点が重要になる。マーケティング・マネジメントとは，企業が環境条件や消費者に対して「創造的適応（Creative Adaption）」に取り組むことをいう（Howard 1957, p.4,18）。経済，法律，文化，気候，人口特性などの企業を取り巻く環境条件には多様な特徴があるが，それらに受け入れられるように受動的な行動や自ら理想的な状況を創り出すように能動的な行動をとる。さらに消費者に対しては，彼らのニーズに対応すると同時に，ニーズそのものを見出して提案するようなことにも挑戦する。その際に具体的な手段となるのは，「製品（Product）」「価格（Price）」「プロモーション（Promotion）」，そして「場所・流通経路（Place）」からなる「マーケティング・ミックス（4Ps）」である。

　こうした考え方は，小売業にも取り入れられてきた。小売企業のマーケティング・マネジメントは，標的として設定した消費者層に照準を合わせて「小売ミックス」を巧みに操作することで創造的適応を追求する（Lazer & Kelley 1961, p.37）。小売ミックスとは，小売企業が「商品構成」「価格設定」「立地条件」「販売促進」「営業時間」，そして「顧客サービス」など，小売企業が独自性や差別的優位性を構築するために用いる要素が創造的に組み合わされたものをいう。すなわち，小売企業の国際展開においては，消費者に対する提供物の創造（ニーズ対応と新たな価値の提案）を基点として，商品調達と配送体制の確立や人的資源のマネジメントによる組織体制の構築という次元で創造的適応に取り組みながら事業システムを構築することが要求される（図表1参照）。

第3節　台湾ファミリーマートの事例

　本節では，日本のコンビニエンス・ストア業界で先駆的に海外進出に挑戦してきたファミリーマートによる台湾進出の事例を通じて，以上で説明した視点を具体的に理解して行くことにしよう。

192

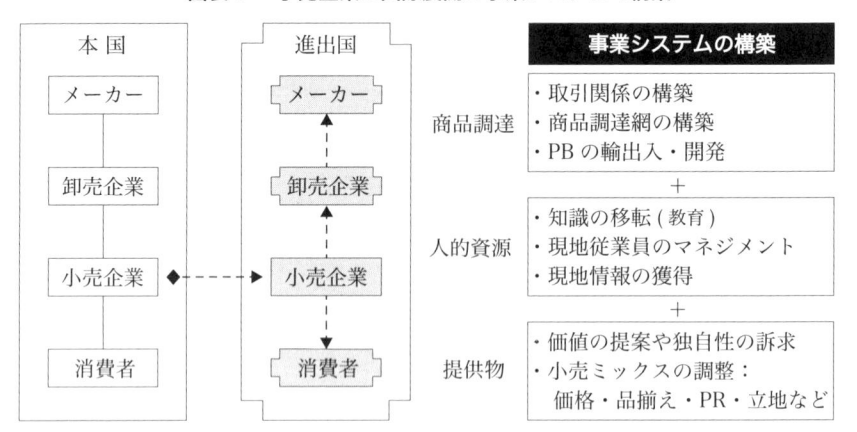

図表 1　小売企業の国際展開と事業システムの構築

本　国		進出国		事業システムの構築
メーカー		メーカー	商品調達	・取引関係の構築 ・商品調達網の構築 ・PB の輸出入・開発
卸売企業		卸売企業		＋
小売企業	◆----▶	小売企業	人的資源	・知識の移転(教育) ・現地従業員のマネジメント ・現地情報の獲得
				＋
消費者		消費者	提供物	・価値の提案や独自性の訴求 ・小売ミックスの調整： 　価格・品揃え・PR・立地など

注：進出国における小売企業の「形」は理念や小売業態のコンセプトの維持,「配色」はそれらを現地で実現するための適応的な取り組みを表現している。
出所：鳥羽 2009, 図 1 - 6, p.48。

1.　ファミリーマートの誕生と海外進出の背景

　1972 年 9 月に埼玉県狭山市でファミリーマートの原型となる実験店の狭山店（現在の入曽店）がオープンされた。総合スーパーを運営していた株式会社西友ストア（現在の西友）において小型店の展開にかかわる構想が持ち上がり，その方向性が模索されていた。その後，数店舗の実験店で試行錯誤が重ねられ，1978 年には本格的な展開を目指して西友ストア内にファミリーマート事業部が発足された。同時に，一般募集によるフランチャイズ第 1 号店もオープンし，着実に店舗網を拡張させて行くのであった。そして 1981 年 9 月，西友ストアから独立する形でファミリーマートが誕生した（由井編 1991, pp.481 - 494）。現在(2010 年度末)，日本国内では 8,248 店舗を運営し，セブンイレブン・ジャパンとローソンに次ぐ売上高を誇っている。

　ファミリーマートの国際展開には，およそ四半世紀の歴史がある。それは 1988 年に台湾市場へ進出したことに始まる。その直接的な契機は，台湾で大手自動車ディーラーの國産汽車股份有限公司がファミリーマートのコンビニエ

ンス・ストア事業に関心を示してきたことにあった (沖 2011, p.99)。即座に市場調査に取り組んだ結果，1人当たり国内総生産や国民所得が急成長して中間所得層が台頭していたことに加え，顧客の中心となる若年層比率が高く，共働き夫婦の増加などが評価された。こうして台湾市場に多大な可能性を見出す先見的な視野と台湾流通の近代化に貢献したいという熱い思いが原動力となり (山下 1990, p.34)，日本のコンビニエンス・ストア業界で初めて海外市場に踏み出るのであった。

このような英断を下すに際しては，当時アメリカ企業とのフランチャイズ契約の下で展開していたセブンイレブン・ジャパンやローソンと異なり，日本で誕生した独自の会社であったことが功を奏していた。ファミリーマートについては海外進出に対して組織的な制約を受けることなく，海外に有望な市場があれば自由に行動を起こすことが可能であった。

2. 海外進出の沿革と参入様式

以後，台湾進出を皮切りとして，韓国，タイ，中国，アメリカ，そしてベトナムへとアジア地域を中心に邁進してきた (図表2参照)。2003年に10,000店を達成したことを機に「パン・パシフィック構想」を掲げ，環太平洋地域を主軸に店舗網を拡張してきた。2009年には海外の店舗数が国内を上回り，海外の店舗数は9,350店に及んでいる (図表3参照)。

海外市場への参入様式には，現地に子会社を設立するグリーン・フィールド投資，現地企業との合弁，現地企業の買収・合併 (M & A)，そしてフランチャイジングなどがある。

台湾市場への参入は，1988年8月に國産汽車股份有限公司，日本を代表する総合商社の伊藤忠商事，そしてファミリーマートが合弁で日本の筑波大学大学院に留学経験のある台湾人の潘進丁が率いる全家便利商店股份有限公司 (以下，台湾ファミリーマートと称す) を設立することで実現された。

海外市場においては，経験したことのない規制や慣行に直面する。地域の言葉や文化に対する理解や行政機関との人脈などがなければ，それらに対応する

図表2　ファミリーマートによる国際展開の略歴

年度	事項
1988	・台湾で大手自動車ディーラーの國産汽車股份有限公司と伊藤忠商事との合弁で全家便利商店股份有限公司を設立することで初の海外進出を果たし(8月), 第1号店をオープン(12月)。 ・全家便利商店股份有限公司とエリアフランチャイズ契約を締結し, フランチャイジングを開始(12月)。
1990	・韓国の自動販売機運営会社の普光とコンビニエンス・ストア運営のノウハウ(販売技術と商標の供与・幹部社員の人材教育)を供与する契約を締結(7月)。 ・全家便利商店股份有限公司がフランチャイズ第1号店をオープン(9月)。 ・普光がソウル市でフランチャイズ第1号店をオープン(12月)。
1992	・タイのロビンソン百貨店, 日用品・食料品の製造卸のサハ・パタナピブル, 伊藤忠タイ国との合弁でサイアム・ファミリーマートを設立(9月)。 ・サイアム・ファミリーマートとライセンス契約を提携し, フランチャイジングを開始(10月)。
1995	・サイアム・ファミリーマートがバンコク市でフランチャイズ第1号店をオープン(12月)。
2002	・全家便利商店股份有限公司が台湾店頭市場において株式を店頭公開(2月)。
2004	・中国の上海市で大手食品メーカーの頂新(開曼島)控股份有限公司, 中信信託投資有限責任公司, 全家便利商店股份有限公司との合弁で上海福満家便利有限公司を設立(4月)。 ・上海福満家便利有限公司が上海市で25店舗を同時出店(7月)。 ・アメリカ合衆国で伊藤忠商事と伊藤忠インターナショナルとの合弁でファミマ・コーポレーションを設立(10月)。 ・上海福満家便利有限公司がフランチャイズ第1号店をオープン(12月)。
2005	・ファミマ・コーポレーションが第1号店をオープン(7月)。
2006	・中国の広州市で頂全(開曼島)控股有限公司, 全家便利商店股份有限公司, 伊藤忠商事との合弁で広州市福満家便利店有限公司を設立(9月)。
2007	・中国の蘇州市で頂全(開曼島)控股有限公司, 全家便利商店股份有限公司, 伊藤忠商事との合弁で蘇州福満家便利店有限公司を設立(7月)。 ・広州市福満家便利店有限公司が第1号店をオープン(1月)。 ・蘇州福満家便利店有限公司が第1号店をオープン(9月)。
2008	・海外のエリアフランチャイザーの展開を支援する組織として「事業支援部」を設立(9月)。
2009	・海外店舗数が日本国内店舗数を上回る(8月)。 ・ベトナムの卸売・物流大手のフータイグループが子会社としてファミリーマート・カンパニーを設立し, 第1号店をオープン(12月)。
2011	・ベトナムでフータイグループと伊藤忠商事との合弁でビナファミリーマートを設立(8月)。

出所:株式会社ファミリーマート『有価証券報告書』, 並びにニュースリリース等を用いて筆者作成。

図表3　ファミリーマートの海外市場における店舗展開

進出国	2001	2002	2003	2004	2005	2006	2007	2008	2009	2010
日本	5,856	6,013	6,199	6,424	6,734	6,974	7,187	7,404	7,688	8,248
台湾	1,193	1,332	1,539	1,701	1,869	2,023	2,247	2,336	2,424	2,637
韓国	959	1,528	2,251	2,817	3,209	3,471	3,787	4,180	4,743	5,511
タイ	176	250	337	509	536	538	507	525	565	622
中国				50	101	104	136	194	359	566
アメリカ					3	12	11	12	9	10
ベトナム									1	4
合計	8,184	9,123	10,326	11,501	12,452	13,122	13,875	14,651	15,789	17,598
	(2,328)	(3,110)	(4,127)	(5,077)	(5,718)	(6,148)	(6,688)	(7,247)	(8,101)	(9,350)

注：合計のカッコは，海外店舗数の合計。
出所：株式会社ファミリーマート 2001－2011，より筆者作成。

ことは困難となる。ファミリーマートが現地企業と資本提携して共同で事業を経営する合弁を選択したのは，そうした問題への対応を重視してのことであった[1]。現地企業との連携を図り（株式会社ファミリーマート 2010, p.15），日本で培ってきたノウハウを確実に移転すると同時に，現地企業の主導的な行動を介して創造的適応をもたらしたいと考えたのである。

したがって，当初は台湾法人による直営店の展開に注力された。それから経営が軌道に乗るに伴い，参入して2年後にはフランチャイジングによる事業拡大に乗り出した。フランチャイジングとは，主催者であるフランチャイザーが加盟者となるフランチャイジーに経営知識（店舗の運営ノウハウなど）や商標を利用する権利を契約に基づき提供した上で教育訓練や経営管理などについて持続的な支援を提供し，その対価としてフランチャイジーが加盟料やロイヤ

---

[1] この点について，ファミリーマートの海外事業責任者は「小売業は現地の食習慣や生活文化を理解した上で店づくりをしていく必要があり，日本モデルをそのまま持ち込んでも通用しないということを私たちは過去の経験から学んできました。そこで，国際展開にあたっては現地を熟知したパートナーと合弁会社を設立し，日本で培ってきた当社ならではのノウハウと現地のアイディアをうまく融合させることにより，地域に根ざしたコンビニエンス・ストアを築いていくことを基本としています」（株式会社ファミリーマート 2011, p.23）と述べている。

リティー（経営指導料）を支払う経営の仕組みをいう。台湾ファミリーマートが台湾での店舗展開について権限と責任を有するエリアフランチャイザー（Area Franchiser: 以後 AFC と表記）となり，急激な勢いで店舗網を拡張してきた。

3. 台湾市場における事業システムの構築

ファミリーマートは，小売業の基本を徹底することで顧客ニーズに対応することを重視している。具体的には，①発注精度を向上することで顧客が求める商品を適切な時間に店頭に揃えておくこと，②顧客が安心かつ快適に店舗を利用できるように「S&QC（サービス，クオリティ，クリンリネス）」を徹底すること，そして③魅力的な商品開発や品揃えを実現することを追求する。

コンビニエンス・ストアによる国際展開は，交通や情報通信などにかかわる社会経済的な基盤や消費者の特性など進出国の環境条件に大きく左右される（Ho & Sin 1987）。それでは，環境条件が十分に整備されていなければコンビニエンス・ストアの展開は不可能なのだろうか。必ずしもそうではない。そうした問題に対応することこそが創造的適応なのである。以下では，台湾市場における経験に目を向けることにしよう。

(1) 店舗展開

当初の台湾市場における店舗展開は，日本で構築された基本的なモデルを再現することから始められた（写真1参照）。そのなかで，現地に適した売場面積や品揃えなどが模索されてきた。例えば，店舗の大きさである。最初は，日本の店舗レイアウトとサイズを再現する形で出店された。しかし，台湾では売れ筋となる商品の数が少なく，売場面積当たりの売上高や利益などの業績も振るわなかった。そこで，現地パートナーの提案に従い，台湾の事情に適した約半分の規模に調整された。そうすることで店舗展開の拡大も加速化したという（『日経ビジネス』2006年9月4日号, pp.40-44；株式会社ファミリーマート 2010, p.15）。また，店舗構造にも日本と異なる特徴がみられた。台湾の店舗では比較的に早い段階からカフェのように食事ができる飲食コーナーが設けられた。社会的に外食が根づく台湾で集客力を高める工夫であった。それは見事に受け

写真1　台北駅付近の繁華街に立地する店舗の外観（南陽店）

出所：筆者撮影。

入れられた。日本と異なり，そうしたコーナーで新聞を広げてゆっくりと食事をとるような顧客の姿をみかけることは珍しくない。

　それでは，品揃えはどうだろうか。台湾は温かい食べ物を低価格で提供する屋台が充実しているために，コンビニエンス・ストア業界では弁当や総菜といった中食(なかしょく)の販売は多くなかった。しかし，そうだからといって，ファミリーマートはそれらの品揃えを差し控えることをしなかった。むしろ，食品メーカーと連携し，中食を充実させることで品揃えの差別化に挑戦してきた。例えば，台湾での売れ筋商品として，「大口飯団」が取り上げられる。日本のおにぎりが変化した商品であるが，形状は三角形ではなく四角形で少し大きめとなっている。そして，具材をご飯で包むのではなく，鶏肉やレタスなどの豊富な具材がご飯とご飯で挟まれている。台湾では多くの具材を1度に食べたいという消費者の嗜好が強いことに合わせて適応した（『日経流通新聞』2009年9月4日）。また，台湾では「レモンエクレア」という商品が人気を博している。エクレアは日本の店舗でも販売されているが，それとは異なる。サクサクとした食感の生地に酸味の利いたレモンクリームを詰め，それをホワイトチョコレートでコーティングしている。亜熱帯に属する台湾の気候に適した味を求めて試行錯誤するなかで酸味を利かせたレモンクリームが好まれることを探り，この商品が誕生した

(『日経ビジネス』2011 年 8 月 22 日号, pp.32 - 33)。その他にも, 台湾の店頭には日本でみられない独自のデザートや弁当が豊富に揃っている。

さらには, さまざまなサービスが提供されている。むしろ, 日本以上に豊富なサービスが提供されているといっても過言ではない。例えば, 台湾の店舗では交通違反の罰金や学費などの支払いが可能で, 新幹線チケットの取り次ぎサービスなども行われている。また, 都市部では出店密度が高いことを利用し, 店舗を巡回する配送車を用いて店舗間で受け取りと受け渡しを行う低価格の配送サービスが提供されている。店舗を巡回する配送車が商品の配送中に荷物を受け取り, 顧客が希望する店舗へと配送する(『日経ビジネス』2011 年 8 月 22 日号, pp.32 - 33)。

その他, 気持ちのよい接客を実現するための人材教育にも取り組んできた。現地企業との差別化の柱となるのが, ホスピタリティ(心のこもったもてなし)に溢れる接客と清潔な店づくりである。参入当初は, 日本の小売店のように丁寧な接客が浸透しておらず, 顧客に対する挨拶も行われていなかった。そうしたなかで, 「いらっしゃいませ」や「ありがとうございました」と声を掛けることを練習することから取り組まれてきた(台湾ファミリーマートでのインタビュー, 2011 年 10 月 6 日)。その結果, いまでは台湾で最もサービスが優れた企業のひとつとして評価されている [2]。

(2) 商品調達と配送体制

参入に際して, 台湾には卸業者がほとんど存在しない状態が問題であった [3]。日本では高度に卸売業が発達しており, それらを有効に活用することで幅広い商品を効率的かつ効果的に調達することが可能となっていた。しかし台湾では, メーカーが小売店に個別配送することが一般的であった。そのような配送体制は配送コストの増加を招くばかりでなく, 店舗側の受け入れ作業を煩雑にする。

---

2) 例えば, 台湾のビジネス誌『遠見』でサービス力が最も優れた企業にとして評価されている(株式会社ファミリーマート 2005, p.12)。
3) この点については, 「日本の流通が特殊である」という認識を持つ契機になったと評価されている(全台物流股份有限公司でのインタビュー, 2011 年 11 月 3 日)。

第14章 小売業の国際化 —コンビニエンス・ストアの事例— 199

写真2　全台物流股份有限公司の林口物流センター

出所：筆者撮影。

　日本型のコンビニエンス・ストアを展開するためには多頻度少量の商品調達と配送体制の実現が必要であり，参入と同時に卸売の機能と物流網を自ら構築することが不可欠であった。

　そこで1989年3月に，國産汽車股份有限公司，伊藤忠商事，そして伊藤忠商事の子会社で食品卸業の西野商事（現在の日本アクセス）との共同出資で，全台物流股份有限公司を設立した（写真2参照）。取引メーカーに対しては，数店舗しか出店していない状態から自社の物流施設に配送してもらうように掛け合い，物流センターの稼働に漕ぎ着くことができた。当初は従来の流通経路に存在しない中間物流を余分に挟み込むものと認識され，本部が不要な経費を店舗側から吸い上げるだけではないかと疑われた。しかし，店舗展開の規模が拡大すればメリットが生まれることを説明して理解を求めた（『日経ビジネス』2006年9月4日号，pp.40 – 41）。店舗数の拡大に伴い物流センターも増設し，在庫を保有することで卸売の機能も担うようになった。現在では台湾全土に5ヵ所の物流センターを配備している。

　次いで，卸売会社の設立にも取り組んできた。それは1990年に各種食料品と日用品の卸売を担う便利達康股份有限公司の設立に始まり，2004年に書籍やCDなどの卸売を担う日翔文化行銷股份有限公司を設立した。また，2005年に

は電子業務システムの構築や管理などを担う全網行銷股份有限公司も設立した。そして2010年には，現地の情報システム会社である精藤股份有限公司を買収し，受発注などの調達供給体制の整備を強化にも努めている。こうした取り組みの結果，台湾の物流機能については，商品を仕分けするピッキングの設備から在庫管理のコンピューターシステムまで日本とほぼ同等のものを実現した。

　さらに，主力商品となる弁当やデザートなどを調達するために協力者を開拓する必要があった。しかし，それらの製造を請け負う工場が存在していなかった。そこで，自ら協力工場の設立にも積極的に介入してきた。まず，1999年に華福食品股份有限公司の協力を受け，台湾の店舗で販売する加工食品を製造する専属工場が台北県林口(現在の新北市)に設立された。次いで，2004年にうなぎの蒲焼や菓子の製造を手掛ける屛榮實業股份有限公司がファミリーマートに弁当類やデザートを専属的に供給する屛榮食品股份有限公司を設立した。同社の設立に際しては，台湾ファミリーマートも投資しており，関連企業として密接な関係にある。

　こうした協力工場に対しては，日本でファミリーマートに商品を供給している協力工場から技術指導のために人材を派遣するようなことも行われた。流れ作業式の生産工程や衛生管理など日本で実績のある方法が移植された[4]。もちろん，そうした技術指導を通じて知識移転がなされた後は，それを基盤に現地主導で独自の商品開発に取り組まれてきた。例えば，弁当などの新商品開発に際しては，以上で紹介した2つの会社を競わせることで優れた製品の開発が促されている。台湾ファミリーマートにおいては，当初から差別化の軸に中食が位置づけられており，経営幹部も「小売業というよりもメーカーとして自己認識している」(台湾ファミリーマートでのインタビュー，2011年10月6日)と明言するほどなのである。

---

4) 屛榮食品股份有限公司の陳文良總經理は「当時，ウチは弁当の製造などほぼ手がけたことがなかった。日本から炊飯の機械などを輸入し，日本からの技術指導を受けて1から勉強しながら工場を立ち上げた。日本は『先生』です」(『日経ビジネス』2011年8月22日号，pp.32-33)と述べている。

(3) 人的資源（知識移転）

　以上，ファミリーマートの台湾市場における取り組みを店舗展開や商品調達などの側面から概観してきた。こうした取り組みを実際に遂行するのは人的資源（人間）である。店舗の運営など現地の人材に多くを担ってもらう必要がある小売企業の国際展開においては，企業理念や本国で構築してきたノウハウを社会習慣や仕事に対する価値観が異なる現地の組織に浸透させると同時に，現地の人材に主導的な役割を担ってもらうために人材教育や組織体制を整備する人的資源のマネジメントが重要な課題となる。参入前後期は，日本のエリアフランチャイズ事業本部から必要最低限度の人材を派遣し，彼らを通じて知識の移転が行われた。しかし，現地法人における経営幹部の大部分は台湾の人材に担われた。

　近年では，世界規模で知識を共有しようとする取り組みがなされている。例えば，2003年度からは国内外のAFCが集うサミット会議を開催してきた。グローバルな組織体制を育むことで進出国間のネットワークを強化し，共同調達の実現や国際的な販売市場の獲得を模索している（株式会社ファミリーマート 2006, p.29）。また，2008年には各地のAFCを支援する事業支援部を新設した。日本の本部が保有する商品管理，配送網の構築，そして情報システムにかかわるノウハウを海外のAFCに垂直的に移転すると同時に，各国のAFCが保有する優れたノウハウの水平的な移転による共有を促す役割を担う（株式会社ファミリーマート 2009, p.28）。例えば，中国への進出については台湾ファミリーマートが橋渡し役となって多大な力を発揮してきた（株式会社ファミリーマート 2010, p.18 ; 2011, p.23）。また，ベトナムへの進出についてはタイのサイアム・ファミリーマートが協力した（独立行政法人日本貿易振興機構海外調査部 2010, p.3）。

第4節　まとめ

　本章では，ファミリーマートの事例を手がかりとして，小売企業の国際展開には現地市場で事業システムを構築することが要求されることについて説明してきた。また，その過程では自らの強みを本国とは異なる環境条件で発揮する

ために創造的適応が重要になることについても確認してきた。

最初に，現地市場への参入様式に創造的適応を促す工夫がみられた。現地の有力企業と提携して合弁会社を設立し，その会社を AFC としてきた。現地に会社を設立することで適応的な事業展開の基盤を構築し，それを通じてフランチャイジングで効率的な拡大を追求していることが明らかになった。実際，事業システムを構成する3つの側面で創造的適応が誘発された。店舗展開においては，店舗の構造的な特徴に加えて，品揃えやサービスの提供について創造的な取り組みが見られた。次いで，商品の調達や配送についても日本と異なる事情に対応しながら，物流会社や協力工場の設立を図ることで自ら商品調達や供給体制を構築してきた。そして人的資源管理は，企業理念や日本で培ってきた知識の普及に努めると同時に現地の人材が持つ視点や意見を尊重し，現地主導で適応的な展開が促されてきた。

グローバリゼーションが進行する現代社会においても，国境の存在には大きな意味がある。近隣の国であっても，近くて遠いという視点が重要になるのではないだろうか。小売企業の国際展開には，本国で培ってきた強みや新たな価値を訴求すると同時に，現地市場に溶け込む創造的適応が要求される。

(参考文献)

F. Y – H. Chan & J. Dawson(2007), "The Acceptance and Adaptation of a Foreign Retail Format : The Case of the Convenience Store in Taiwan in the 1980s and 1990s, " *International Journal of Entrepreneurship and Small Business,* Vol.4 No.1.

J. A. Howard(1957), *Marketing Management : Analysis and Decision,* 7th Edition, R. D. Irwin.

Suk – Chin. Ho & S. Sin Yat – Ming(1987),"International Transfer of Retail Technology : The Successful Case of Convenience Stores in Hong Kong, " *International Journal of Retailing,* Vol.2 No.3.

W. Lazer & E. J. Kelley(1961),"The Retailing Mix : Planning and Management, " *Journal of Retailing,* Vol.37 No.1.

小川 進(2000)『ディマンド・チェーン経営−流通業の新ビジネスモデル−』日本経済新聞社。

沖 正一郎(2011)『商いは倦きない−初代ファミリーマート社長の流儀−』里文出版。

加護野忠男(1999)『〈競争優位〉のシステム』PHP 新書。

株式会社ファミリーマート(2001 – 2011)『FamilyMart アニュアルリポート』。
鳥羽達郎(2009)「国境を越える小売行動の本質的側面」岩永忠康監修『流通国際化の現段階』同友館。
独立行政法人日本貿易振興機構海外調査部 (2010)「株式会社ファミリーマート (国内)」『サービス産業の国際展開調査』。
矢作敏行(1994)『コンビニエンス・ストア・システムの革新性』日本経済新聞社。
山下 剛 (1990)『ファミリーマート躍進の秘密–セゾングループのフロンティア戦略–』TBS ブリタニカ。
由井常彦編(1991)『セゾンの歴史–変革のダイナミズム– (下巻)』株式会社 リブロポート。

(謝辞)

　本章を執筆するに際しては，全家便利商店股份有限公司(台湾ファミリーマート)の葉榮廷(執行副總經理)氏，並びに全台物流股份有限公司の松本隆司(董事長)氏と張建中(總經理) 氏にお世話になりました。また，屏榮食品股份有限公司の社員であった富山大学大学院経済学研究科の鍾汶翊君にも協力を得ました。記して感謝を申し上げます。

鳥羽達郎・陳 玉燕

現代のマーケティングと商業

2012年2月8日　第1版第1刷発行

編著者：伊部 泰弘・今光 俊介・松井 温文
発行者：長谷 雅春
発行所：株式会社 五絃舎
　　　　〒173-0025　東京都板橋区熊野町46-7-402
　　　　Tel & Fax：03-3957-5587
　　　　e-mail：h2-c-msa@db3.so-net.ne.jp
組　版：Office Five Strings
印　刷：モリモト印刷
ISBN978-4-86434-008-3
Printed In Japan　検印省略　ⓒ　2012